Bunzlauer Kaffeekanne

In der Ofenröhre, wo es schmorend schmauchte,
Duft von Äpfeln, der sich heut noch schmecken lässt,
hockte sie, die brave, braungebauchte
Kaffeekanne, wie die Glucke warm im Nest.

Urgroßvater hatte schon am Henkel
sich die gichtigen Finger gern gewärmt,
und nun tat es frostverklammt der Enkel,
wenn die Schneeballschlacht im Dorf verlärmt.

Mutter hatte ihm davon erzählt,
wie ein solches Ding in Töpfers Händen
mählich sich dem Sinn vermählt,
ein Gefäß zu sein mit runden Wänden.

Und die Jungenshand, die Schnee geballt,
fühlte heimlich nach der alten Kanne,
Deckel, Wölbung – eine Fingerspanne –
suchte sie das Weltgeheimnis der Gestalt.

Doch die stumme Alterlauchte
bog sich nur, um Kaffee einzuschenken,
und der Junge trank, indes sie würzig rauchte,
und die Schöpfung Traum blieb, niemals auszudenken.

Friedrich Bischoff
(1896 in Neumarkt/Schlesien – 1976 in Großweier/Baden-Württemberg)

≕ *Hanna Grandel* ≕

Schlesien

Rezepte, Geschichten und historische Fotos

Bassermann

Kleines schlesisches Wörterbuch

Babe	Napfkuchen, Gugelhupf
Blaukraut	Rotkohl
Brinkel	trockenes Brot
Fleischbrötel	Frikadelle, Klops
Gewürzkörner	Piment
Gallert	Sülze
Galuschel	Pfifferlinge
Geschnörre	Gänse- oder Entenklein
Gewiegtes	Gehacktes
Häckerle	eine Art Heringssalat
Kließla	Kloß
Klößel	Kloß
Mostrich	Senf
Nissel	Feldsalat
Rapunzel	Feldsalat
Remfteln	Brotenden
Rote Rüben	Rote Bete
Stiezel	Stollen
Sträselkucha	Streuselkuchen
Wackeltante	Rote Grütze
Weißkäse	Quark
Wurzelzeug	Suppengemüse

Inhalt

Ein Wort zuvor

Wie reich und reizvoll ist doch die gute alte schlesische Küchentradition! Und der Gedanke, dass unsere köstlichen schlesischen Gerichte eines – vielleicht nicht mehr allzu fernen – Tages in Vergessenheit geraten oder bis zur Unkenntlichkeit verändert sein könnten, hat mich dazu veranlasst, dieses Buch zu schreiben. Denn ich denke mir, dass wir Schlesier unserem „Küchenbrauchtum" die Treue halten sollten, indem wir nicht nur zu besonderen Anlässen, sondern täglich unsere gewohnte schlesische Kost auf den Tisch bringen. Unsere Söhne und Töchter kennen es dann nicht anders und werden es später in ihren eigenen Familien ebenso halten.

Und kommen Sie, verehrte Leserin und verehrter Leser, nicht aus Schlesien, so werden Sie hier zahlreiche neue Spezialitäten finden, die schon vielen, vielen Generationen mundeten und mit denen Sie sowohl den täglichen Küchenzettel bereichern, als auch Ihre Gäste überraschen können.

Wie sind denn eigentlich die schlesischen Spezialitäten entstanden? Von den Ureinwohnern des deutschen Ostens, den germanischen Stämmen der Goten, Burgunder und Vandalen sind – gottlob – keine Essgewohnheiten bis zum

Der „Fuchsbau" im Görlitzer Stadttheater.

heutigen Tage überliefert. Aber Einflüsse der Franken, Bayern, Schwaben und Thüringer, die das schlesische Land im 12. und 13. Jahrhundert besiedelten, sind schon nachweisbar in der schlesischen Küche. Die spätere Zugehörigkeit Schlesiens zu Böhmen und dem Kaiserreich Österreich-Ungarn hat weitere entscheidende Einflüsse für die Entwicklung der schlesischen Kochtradition mit sich gebracht. Noch heute ist ein hoher Verwandtschaftsgrad mit der Wiener, der ungarischen und böhmischen Küche unverkennbar.

Wenn wir uns die Mühe machen, einmal ein wenig darüber nachzudenken, dann kommen wir zu der amüsanten Feststellung, dass eine unserer Nationalspeisen, nämlich schlesische Kließla, in ihren vielfältigen Variationen einen ebenso vielfältigen Stammbaum hat. Er reicht zweifellos zurück auf die Ursprungsländer der deutschen Stämme, die Schlesien besiedelten. Wir kennen noch heute bayerische Knödl, Thüringer Klöße und wissen von den Franken und Schwaben, dass ohne Klöß und Knöpfle für sie das Leben nur halb so schön ist. Auch die Wiener Küche bevorzugt Knödln aller Art, auch Mehlspeisen und Backwerk, ähnlich wie die unsere.

Da sich „Geschmäcker" nicht bürokratisch in politischen Grenzen halten, verwischten und vermischten sie sich im Laufe der Jahrhunderte. Und so werden nicht alle Spezialitäten aus diesem Buch ausschließlich bei Schlesiern beliebt sein, sondern können durchaus auch zu bevorzugten Gerichten anderer Volksstämme gehören. Mir war daran gelegen, möglichst alles, was schlesische Hausfrauen in der Heimat jahrein, jahraus, sonntags und werktags kochten und backten, hier festzuhalten, soweit es sich nicht um allgemein praktizierte Rezepte, wie zum Beispiel Gänsebraten, handelt.

Alle Rezepte sind für vier Personen berechnet. In der Zutatenliste habe ich grundsätzlich immer Butter angegeben, wobei es Ihnen natürlich überlassen bleibt, auch andere Fettarten zu verwenden.

Und nun wünsche ich Ihnen viel Freude an den schlesischen Spezialitäten und ein gutes Gelingen beim Ausprobieren für diejenigen, die aus Lust und Interesse am Neuen nach diesem Buch kochen möchten.

Ihre   *Hanna Grandel-Dlugosch*

Die guten Gaben

Meiner Heimat gute Gaben:
Striezel, Streußelkuchen, Baben!
Schlesisch lecker, saftdurchkräuselt,
butterknusprig, duftumsäuselt –
ach, wie hat es uns geschmeckt,
Schüssel wurde ausgeleckt.
Mit den Wespen um die Wette
naschten wir vom Kuchenbrette. –
Unsre Lust war, zu stibitzen:
klebrig alle Fingerspitzen!

Kringelsorten gab es sieben,
Ostern, Pfingsten, nach Belieben.
Pfeffermänner, Anissterne
schenkte uns das Christkind gerne.
Doch das Schönste waren Klöße
von Kanonenkugelgröße
aus dem erdgewürzten Mohne,
Sankt Sylvester stets zum Lohne,
der das Jahr im Saus beschloss,
Glühpunsch in die Gläser goss.

Alles, was den Wind zu Seiten,
reifte in den Felderbreiten,
was umhüpft von Hahn und Henne
ward gedroschen in der Tenne,
und dass nicht ein Körnlein fehle,
Mühle mahlte mild zum Mehle –
Milch, die aus den Eutern sprühte,
Würze, die im Garten glühte:
Feiertäglich durch das Jahr:
ward es unser ganz und gar.

Friedrich Bischoff

Wenn Sie Gäste haben

An den Anfang dieses Kapitels möchte ich ein Wort Moltkes stellen, das schlicht und treffend das Wichtigste für den Umgang mit Menschen sagt: „Die wahre Höflichkeit und der feinste Weltton ist die angeborene Freundlichkeit eines wohlwollenden Herzens."

In unserem schnelllebigen Zeitalter bringt man im Allgemeinen nicht mehr so viel Muße auf, tagelang vorbereitete Feste zu arrangieren. Es fehlt einfach an Zeit und Hilfskräften. So wird denn heute häufig in Restaurants eingeladen, ja, man verlegt auch ausgesprochene Familienfeste in die anonyme Sphäre öffentlicher Gaststätten.

Je seltener sich Familien dazu entschließen, ihre Feierabende oder Wochenenden in stiller Häuslichkeit einer Einladung „zu opfern", desto mehr darf es sich der Geladene zur Ehre anrechnen, in eine Familie gebeten zu werden. Wir modernen Frauen wissen, wie angenehm es der Gast empfindet, wenn seinetwegen nicht das ganze Haus auf den Kopf gestellt wurde. Eine Einladung soll für Gast und Gastgeber eine Entspannung bedeuten, ein Ausgleich für strapaziöse Arbeitstage. Ein Tisch, der sich unter der Last kostspieliger Delikatessen biegt, gehört nicht unbedingt zum guten Ton wahrer Gastfreundschaft. Wir wissen, dass es viel wichtiger ist, den Gast mit Selbstverständlichkeit und ganz unbefangen in unsere häusliche Geborgenheit aufzunehmen und selbst gute Laune zu verbreiten. Dann wird sich der Gast wohl und wie zu Hause fühlen.

Vielleicht laden Sie Ihre Gäste einmal zu einem schlesischen Eintopfessen, zum Beispiel „Linsen mit Backpflaumen" oder „Hammelfleisch mit grünen Bohnen", ein? Sie können diese Gerichte in aller Seelenruhe am Tag vorher zubereiten und sind dann frei für Ihre Gäste.

Recht originell ist es auch, Ihre Freunde einmal zu einem reichhaltigen Sonntagsfrühstück zu bitten. Es macht nicht so viel Arbeit wie ein Mittagessen, ist einmal etwas anderes und verlängert zudem die Annehmlichkeit des Beisammenseins. Denn es kann bereits gegen 11 Uhr beginnen und sich – mit Unterbrechungen – bis 14 Uhr hinausziehen. Diese Mahlzeit, eine

Kombination aus Frühstück und Mittagessen, ist eine moderne Abwandlung unserer alten schlesischen „Schweinevesper". Darunter verstanden wir eine – mit dem Abendessen kombinierte – Vesper, bei der es sowohl Kaffee und Kuchen als auch Brot, Schinken, Käse und etwas Warmes, zum Beispiel Würstchen mit Kartoffelsalat, geben konnte. Auch ein kräftiger Korn sollte hierbei natürlich nicht fehlen. Uns Schlesiern geht doch nichts über Gemütlichkeit – und dies war eine ungemein gemütliche Mahlzeit – diese Schweinevesper.

Oder wie wäre es mit einer Suppenparty? Wer einmal ein solches Suppenfest mitgemacht hat, wird begeistert davon sein. Eine pikante Ochsenschwanzsuppe, eine zarte Kalbfleischsuppe mit reichlich Fleisch- und Gemüseeinlage, eine Braunbiersuppe zum „Einheizen" oder Saurer Jur werden die Stimmung rasch in Schwung bringen. Sie sollten einkalkulieren, dass jeder Gast zwei- bis dreimal nachgeschöpft haben möchte; also genügend Suppe vorbereiten! Reizvoll ist es auch, wenn verschiedene Suppensorten bereitgehalten werden. Semmeln, Salz- und, Kümmelstangen können dazugereicht werden. Die Suppe wird vom Hausherrn, der hinter einem Tisch steht, aus einer großen Terrine oder auch direkt aus dem Topf in die Teller geschöpft, die sich jeder von einem bereitgestellten Stapel holt. Diese Selbstbedienung bringt alle in fröhliche Stimmung. Natürlich werden Sie auch für Getränke – alkoholische und alkoholfreie – sorgen. Wer will, stellt noch eine Käse- oder Aufschnittplatte, Obst und Nüsse bereit.

Sicher werden Ihnen nach diesen Anregungen noch viele Möglichkeiten einfallen, wie Sie das nächste Mal Ihren Besuch originell und doch nicht allzu strapaziös für Hausfrau und Geldbeutel bewirten können.

Und nun wünsche ich Ihnen viel Freude!

Barockhaus in Brieg an der Ecke Ring- und Wagnerstraße.

Brieger Gänse

Die „Brieger Gänse" haben weder mit
Weihnachten noch mit Martini oder überhaupt mit richtigen Gänsen etwas zu tun. Sie
schwimmen vielmehr als weiße Eisschollen die
Oder hinab, und weil Brieg – von Breslau aus
gesehen – die nächste Stadt stromaufwärts
ist, kommen sie eben aus Brieg.

Wenn sie schwimmen, ist der Frühling nicht
mehr weit, er hat bereits „das Eis gebrochen"!
Was Wunder, dass jung und alt Breslaus
Brücken säumten und es jubelnd
weitersagten: „Die Brieger Gänse sind da!"

Diesen klirrenden Frühlingsboten folgt dann
auch bald das erste, zarte Grün. Und nach der
langen Winterzeit freute sich jeder auf die
erste kleine Ernte in seinem Garten.

Sauerampfersuppe

250 – 300 g Sauerampfer • 40 g Butter • 40 g Mehl
1 l Brühe oder Salzwasser
1 Eigelb • evtl. Suppenwürze

Von jeher machten wir Schlesier uns gern die Gaben der Natur zunutze, die Früchte von Feldern und Wäldern und die Kräuter aus Wiesen und Gärten. Selbst gesammelte und getrocknete Teemischungen und gedörrtes Obst verwendete man gern in der Küche. Und eben auch den Sauerampfer.

Den verlesenen, gewaschenen Sauerampfer in einem Topf erhitzen, bis die Blätter zusammenfallen und weich sind. Herausnehmen und fein hacken. Aus Butter und Mehl eine Einbrenne bereiten, mit 1 l Brühe oder Salzwasser auffüllen, 10 Minuten kochen und Sauerampfer zufügen. Eigelb mit 1 bis 2 Esslöffeln Wasser verquirlen, Suppe damit abziehen, eventuell mit Suppenwürze abschmecken. – Dazu passen geröstete Semmelwürfel oder ein hart gekochtes, in Scheiben geschnittenes Ei als Einlage.

Weiße Bohnensuppe

200 g weiße Bohnen
Wurzelzeug (Suppengemüse)
Salz • 20 g Butter • 20 g Mehl
50 g magerer Räucherspeck
1 Zwiebel
Paprika • Pfeffer

Die gewaschenen Bohnen über Nacht einweichen. Das geputzte und klein geschnittene Wurzelzeug und die eingeweichten Bohnen in 2 l Salzwasser weich kochen. Aus Butter und Mehl eine helle Einbrenne bereiten, mit Bohnenbrühe auffüllen und zur Suppe geben. Speck und Zwiebel in Würfel schneiden, leicht bräunen, der Suppe zufügen und noch einige Minuten kochen lassen. Mit Paprika und Pfeffer abschmecken.

Saurer Jur

50 – 100 g Sauerteig
50 g Roggenschrotmehl (oder Weizenmehl)
Kümmel
Salz
75 g Räucherspeck
1 Zwiebel
1 Tasse Sauerkrautwasser

Wer einer oberschlesischen Familie entstammt, kennt bestimmt dieses oberschlesische Nationalgericht. Es entwickelte sich aus der Gepflogenheit unserer Vorfahren, jede Woche einen riesigen Laib Roggenschrotbrot zu backen. Von dem Sauerteig, der stets in einem Steintopf für den nächsten Backtag aufgehoben wurde, nahm man eine Handvoll ab – als Grundlage für den beliebten „Sauren Jur". Die fertige, dampfende Suppe in tiefe Teller über frisch gestampfte Kartoffeln gefüllt, war so recht dazu angetan, die hungrigen Mägen einer langen Tafelrunde angenehm zu füllen. Der „Saure Jur" war auch ein beliebtes Fastengericht am Karfreitag. – Da auch heute noch viele Bäcker mit Sauerteig backen, können Sie sich leicht eine Handvoll davon besorgen. Anstelle des Roggenschrotmehls, das Sie vorwiegend in Reformhäusern erhalten, können Sie auch Weizenmehl nehmen, wenngleich dadurch etwas von der herzhaften Kraft dieses einfachen Gerichts verloren geht. Und nun versuchen Sie einmal als nächstes Samstags- oder Karfreitagessen den nahrhaften und bekömmlichen „Jur"!

Den Sauerteig mit dem Mehl und $\frac{1}{8}$ bis $\frac{1}{4}$ l lauwarmem Wasser verrühren, mit einem Tuch zudecken und an einem warmen Ort gehen lassen. Den Teig in 1 $\frac{1}{2}$ l kochendes Wasser einrühren (Vorsicht, es gibt leicht Klümpchen!). Unter Rühren kurz aufkochen lassen und mit Kümmel und Salz abschmecken. Speck und Zwiebel in Würfel schneiden, glasig dünsten, in die Suppe geben und Sauerkrautwasser zugießen. Man kann das Gericht auch mit Würstchen oder Wurstscheiben servieren. – Die sämige Suppe über Stampfkartoffeln (siehe Seite 45) in tiefe Teller gießen.

Das wunderschöne Rathaus von Breslau
ist einer der wertvollsten mittelalterlichen Profanbauten.

Kürbissuppe

750 g Kürbis
2 Nelken
1 Stückchen Zimt
1 Stückchen Zitronenschale
⅛ l Milch
30 g Mehl (oder 20 g Stärkemehl)
½ Vanillestange
Zitronensaft
4 EL Zucker
Salz
2 EL Korinthen
evtl. 2 bittere Mandeln
10 – 20 g Butter

Der anspruchslose, damals in schlesischen Gärten üppig gedeihende Kürbis wurde in vielfältigem Gewande auf den Tisch gebracht. Von Kürbiskompott über Kürbisgemüse, Kürbisbeignets, Kürbisreis, Kürbisbrei bis zu Kürbismarmelade und eingemachtem Kürbis wissen schlesische Hausfrauen viel zu berichten.

Kürbis schälen, mit einem Löffel das weiche Fleisch mit den Kernen auskratzen, in Würfel schneiden, mit Nelken, Zimt und Zitronenschale in 1 ⅛ l Wasser weich kochen und durch ein Sieb streichen. Die Milch mit dem Mehl oder Stärkemehl verrühren und damit das Kürbiswasser binden. Die halbe Vanillestange zufügen, 5 bis 10 Minuten kochen. Mit Zitronensaft, Zucker und Salz abschmecken und gewaschene Korinthen zugeben. – Besonders pikant: Am Anfang 2 gehackte, bittere Mandeln mitkochen und zuletzt gebräunte Butter zugießen.

Derr Kurbis

Uff Goartenfrüchte woar derr Pforr,
su reene raus zu soan, a Norr,
nischt fräht ihn meher ei derr Welt,
als wie sei kleenes Gartelfeld.

Sei Hauptpläsier hoat a gesucht
ei ausgedehnter Kurbiszucht.
Und heuer woarn se gutt gerutt,
a hotte Osche hiegeschutt.

Und woas de vunds dar eene woar,
woar wie a Vurtelkarbel goar
su gruuß und asu dicke,
´s woar wurklich Prachtsticke.

Dar woar'm Forrn besundersch lieb;
desholb a uf da Kurbis schrieb:
„Stiebitzt mich nich, Gott sitts!"
A duchte: „Verllecht nitzts!"

De eene murgen kimmt a hien,
doo bleibt a halt vur Staunen stiehn.
A kriggt an verflumtn Schreck:
Dar gruße Kurbis, dar woar weg.

A sitt und traut senn Oogen kaum,
doo stieht mit Kreide uff'm Zaun:
„Derr Harrgott is a guda Moan,
dar wurd's `m Forr nich wiederlsoan!"

Karl Wilhelm Michler (1863–1932)

Buttermilchsuppe

1 Ei • 1 l Buttermilch
30 g Stärkemehl
1 Eigelb • Salz
Schnittlauch

Das Ei hart kochen. Buttermilch aufkochen, Stärkemehl mit etwas Wasser anrühren, in die Buttermilch geben und unter Rühren aufkochen. Das Eigelb mit 2 Esslöffeln Wasser verquirlen und in die heiße, nicht mehr kochende Flüssigkeit gießen. Ei in Würfel schneiden, zur Suppe geben, mit Salz abschmecken, mit gehacktem Schnittlauch bestreuen und kalt servieren. – Wer die Suppe süß liebt, gibt anstatt dem hart gekochten Ei, Salz und Schnittlauch – Zucker, Rosinen und Zitronenschale dazu.

Brotsuppe

150 g altes Brot • Salz • evtl. 1 klein gehackte Knoblauchzehe
20 g Butter • 1 Eigelb

„Brinkel bringen Brot" sagt das schlesische Sprichwort und meint es damit nicht nur wörtlich. Denn wenn man „Brinkel" zu „Brinkel" legt, wächst mit der Zeit ein ganz schöner Berg. Und damit auch ja nichts umkommt, gibt's von Zeit zu Zeit Brotsuppe, von „Brinkeln", hart gewordenen „Remfteln" (Enden) oder der Brotkruste, die für Großvater immer abgeschnitten wird, weil er nicht mehr beißen kann.

Brot in 1 $\frac{1}{4}$ l Wasser einweichen. Salz und eventuell Knoblauch zufügen und das Brot weich kochen. Durch ein Sieb streichen, nochmals aufkochen, Butter zufügen und mit dem verquirlten Eigelb abziehen. – Die Suppe kann auch unpassiert, nur mit dem Schneebesen geschlagen, serviert werden. Dann bleiben die Knoblauchstückchen in der Suppe und erfüllen ihre gesundheitsfördernde Mission. Knoblauch und Zwiebel sollten wir im „stillen Kämmerlein" so oft wie möglich verzehren.

Kalbfleischsuppe

250 g Kalbsknochen
250 g Kalbfleisch
40 g Butter
40 g Mehl
1 Eigelb • Salz
evtl. 250 g Dosengemüse (Spargel, Erbsen)

Kalbsknochen und Fleisch in 1 $\frac{1}{4}$ l Wasser etwa 1 Stunde kochen und durch ein Sieb gießen. Aus Butter und Mehl eine Einbrenne bereiten, mit der Brühe auffüllen und 10 Minuten kochen lassen. Eigelb mit 2 Esslöffeln Wasser verquirlen und in die Suppe geben; mit Salz abschmecken. Das Fleisch klein schneiden und der Suppe zufügen. – Nach Belieben Dosengemüse als Einlage zufügen.

Vor allem die Älteren webten und sponnen noch zu Hause.

Kartoffelsuppe

Die gute, altbekannte Kartoffelsuppe ist aus keinem schlesischen Haushalt wegzudenken. Wenn man sie auch in anderen Gegenden ebenso schätzen mag, so kann sie doch in einem schlesischen Kochbuch nicht fehlen. Sie ist immer beliebt als Samstagsessen, als Mittag- oder Abendsuppe an Tagen, wo die Hausfrau für die Mahlzeitenzubereitung nur wenig Zeit erübrigen kann.

500 g rohe Kartoffeln
Wurzelzeug (Suppengemüse: Mohrrüben, Porree, Sellerie)
30 g Butter • 50 g magerer Räucherspeck • 1 Zwiebel • Salz • Petersilie

Kartoffeln schälen und in dicke Scheiben schneiden. Wurzelzeug putzen, klein schneiden und mit den Kartoffelscheiben in der Butter kurz andünsten. 1 l Wasser auffüllen und garen. Die Suppe mit dem Schneebesen oder Mixer verrühren oder durch ein Sieb streichen. Speck und Zwiebel in Würfel schneiden und leicht bräunen, in die Suppe geben, mit Salz abschmecken und gehackte Petersilie zufügen.

Mehlsuppe

½ l Milch • Salz • 40 g Mehl • 20 g Butter
1 Eigelb • evtl. 1 Stück Zimt (oder Zitronenschale)

Vielleicht erscheint sie uns heute schon vom Namen her viel zu einfach und altmodisch. Aber in ihrem Nährwert und ihrer Bekömmlichkeit ist sie kaum zu überbieten – und das ist wohl der Grund dafür, dass der Schlesier sie auch heute noch schätzt.

Milch mit ¼ l Wasser verdünnen und mit etwas Salz zum Kochen bringen. Mehl mit ¼ l kaltem Wasser anrühren und in die kochende Flüssigkeit geben. Nach 10 Minuten Kochzeit die Butter dazutun, und die Suppe mit dem verquirlten Ei abziehen. – Man kann auch Zimt und Zitronenschale mitkochen.

Hammelfleisch mit grünen Bohnen

2 Zwiebeln • 20 g Butter • 500 g Hammelfleisch
Salz • 500 g grüne Bohnen • Bohnenkraut
500 g Kartoffeln • 30 g Mehl • Pfeffer • Petersilie

Das ist ein beliebtes Eintopfgericht zur Bohnenzeit und zugleich die angenehme Art, Hammelfleisch zu verwenden.

Zwiebeln in Würfel schneiden und in Butter glasig dünsten, Hammelfleisch in Würfel schneiden, zufügen und kurz mitdünsten. 1 $\frac{1}{2}$ l Wasser zugießen, salzen und etwa $\frac{1}{2}$ Stunde kochen. Die vorbereiteten Bohnen in Stücke brechen oder zu Schnittbohnen schnippeln, mit dem Bohnenkraut in die Brühe geben und nochmals etwa eine $\frac{3}{4}$ Stunde kochen. Kartoffeln schälen, in Würfel oder Scheiben schneiden, zufügen und garen. Das Gericht mit angerührtem Mehl binden, mit Salz und Pfeffer abschmecken, anrichten und mit gehackter Petersilie bestreuen.

Das Rathaus von Brieg.

Das Rathaus der Stadt Cosel.

Rindfleisch mit Brühkartoffeln

Was dem Schwaben seine „Gaisburger Marsch" (Rindfleisch mit Spätzle), das ist dem Schlesier Rindfleisch mit Brühkartoffeln. Seine Vorliebe für „Zusammengekochtes" kommt der überlasteten Hausfrau sehr zugute. Sie spart Zeit beim Kochen und Spülen, denn Eintopfgerichte erfordern nicht so viel Geschirr und Töpfe.

500 g Rindfleisch
Salz
Wurzelzeug (Suppengemüse)
1 kg Kartoffeln
1 Zwiebel
20 g Butter
Petersilie
Pfeffer
evtl. Suppenwürze

Rindfleisch in 1 $^1/_2$ l kochendes Salzwasser legen, etwa 1 Stunde kochen. Das geputzte, klein geschnittene Wurzelzeug zufügen und 15 Minuten weiterkochen. Kartoffeln schälen, in dicke Scheiben schneiden, in die Brühe geben und garen. Zwiebel in Würfel schneiden, in der Butter glasig dünsten, zusammen mit der gehackten Petersilie dem Gericht beigeben. Mit Salz, Pfeffer und eventuell Suppenwürze abschmecken. – Ganz ähnlich in der Zubereitung ist der ebenfalls beliebte „Pichelsteiner". Hierzu verwendet man jedoch gern dreierlei Fleisch, zum Beispiel Hammel-, Rind- und Schweinefleisch, dünstet zuerst die Zwiebelwürfel an, gibt dann das Fleisch dazu, dünstet es kurz mit, gießt Wasser an und verfährt weiter wie bei „Rindfleisch mit Brühkartoffeln".

Erbsensuppe mit Schweinsohren

Bei Erwähnung dieses Gerichts geht jedem Schlesier das Herz auf, ein verklärtes Lächeln zieht über sein Gesicht. Wie überhaupt alles Schweinerne hoch in Ehren steht, so ist auch eine dicke Erbsensuppe mit Schweinsohren so recht nach seinem Geschmack – besonders wenn es draußen stürmt und schneit.

200 g geschälte Erbsen
2 gepökelte oder ungepökelte Schweinsohren
Wurzelzeug (Suppengemüse) • Salz • 20 g Butter •20 g Mehl

Die gewaschenen Erbsen 1 Stunde vor Beginn der Essenszubereitung einweichen. Die gewaschenen Schweinsohren in 2 l Wasser zusammen mit den eingeweichten Erbsen, dem geputzten Wurzelzeug und Salz weich kochen. Schweinsohren herausnehmen, Erbsensuppe durch ein Sieb streichen. Aus Butter und Mehl eine helle Einbrenne bereiten, mit der passierten Erbsensuppe auffüllen. Schweinsohren in Streifen schneiden und in die Suppe geben.

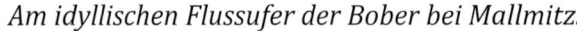

Am idyllischen Flussufer der Bober bei Mallmitz.

Geschnörresuppe
(Gänse- oder Entenklein)

1 Gänseklein (oder 2 Entenklein)
Salz
Wurzelzeug (Suppengemüse)
60 g Suppennudeln (oder Reis)
Petersilie

Das Geschnörre bildet oft den Auftakt zu großen Festtagsessen, bei denen dann Gänse- oder Entenbraten folgt. In vielen Familien gibt es am Tage vor Martini, am Heiligen Abend oder an Silvester eine Geschnörresuppe, die bereits Herz und Magen auf die am nächsten Tag folgenden Genüsse vorbereitet. Heute brauchen wir so festliche Anlässe nicht immer abzuwarten, um eine Geschnörresuppe auf den Tisch bringen zu können. Gänse- und Entenklein gibt es das ganze Jahr über aus der Tiefkühltruhe und ist eine preiswerte Abwechslung in unserem Speisezettel.

Das vorbereitete Geflügelklein in 2 l kochendem Salzwasser mit dem geputzten Wurzelzeug ansetzen und 2 bis 3 Stunden kochen, durch ein Sieb geben. Die Einlage (Nudeln oder Reis) gesondert kochen und mit dem von den Knochen gelösten Fleisch in die Brühe geben, abschmecken und gehackte Petersilie zufügen. – Anstatt der Nudeln oder Reis ist auch eine Einbrenne, mit Brühe abgelöscht, als Einlage empfehlenswert.

Der Buhlfleescher
Unse Paster soate amoll zum Buhlfleescher: „Herr Buhl, nehmen Sie es mir nicht übel! Aber gestern haben Sie unserem Mädchen ein besonders zähes Stück Fleisch gegeben. Wenn wir einmal ein gutes Stück Fleisch haben wollen, müssen wir's uns aus Zobten mitbringen lassen!" – „Doo gieht's Ihn ju genau asu wie üns, Herr Paster", meente der Buhlfleescher, „bir missa nämlich ooch no Zota (Zobten) giehn, wenn doaß ber amoll'n gude Prädicht hiern wulln!"
Hans Rößler

Ochsenschwanzsuppe

500 g Ochsenschwanz
Wurzelzeug (Suppengemüse)
50 g roher Schinken
1 Zwiebel
40 g Fett
Salz
Pfeffer
Paprika
40 g Butter
40 g Mehl
3 EL Madeira
$\frac{1}{8}$ l Rotwein
evtl. 1 Prise Zucker und Muskat

Zum festlichen Menü gehört bei uns immer noch die hausgemachte Ochsenschwanzsuppe. Nur im äußersten Fall an Zeitknappheit wird die schlesische Hausfrau zur Fertigsuppe greifen.

Den Ochsenschwanz gut waschen, am besten bürsten, und klein hacken. Wurzelzeug putzen und klein schneiden. Schinken und Zwiebel in Würfel schneiden. Die Ochsenschwanzstücke und die Schinkenwürfel in heißem Fett anbräunen, dann das Wurzelzeug und zuletzt die Zwiebelwürfel zufügen und leicht anbräunen. 1 $\frac{1}{2}$ l Brühe oder Wasser auffüllen, die Gewürze zufügen und 2 bis 3 Stunden kochen. Wenn das Fleisch weich ist, aus dem Topf nehmen, von den Knochen lösen und in Streifchen schneiden. Brühe durch ein Sieb gießen. Aus Butter und Mehl eine dunkle Einbrenne bereiten und mit der Brühe auffüllen. Madeira zugeben und nochmals 10 bis 15 Minuten kochen lassen. Mit Rotwein, Salz, eventuell Zucker und Muskat abschmecken. Das streifig geschnittene Fleisch als Einlage zufügen.

Taubenbrühe

2 vorbereitete, alte Tauben • Wurzelzeug (Suppengemüse)
Salz • 125 g Reis • 30 g Butter • Petersilie

Für einen schlesischen Rekonvaleszenten ist der Inbegriff der Köstlichkeit ein Täubchen im Suppentopf. Allenthalben im Lande wurden Tauben gezüchtet und jeder Junge, der etwas auf sich hielt, hatte seinen eigenen Taubenschlag – und damit eine kleine Einnahmequelle. An dem Erfolg, mit dem dieses „Unternehmen" betrieben wurde, zogen die Eltern gern Schlüsse auf die spätere Tüchtigkeit im Erwerbsleben. Wenn vielleicht andernorts „gebratene Taube" sehr begehrt sein mögen, so sind sie dem Schlesier als Brühe zehnmal willkommener.

Die vorbereiteten Tauben, Herz, Magen und klein geschnittenes Wurzelzeug in 1 ¹/₂ l kaltem Salzwasser ansetzen und 1 ¹/₂ bis 2 Stunden kochen. Nach 1 Stunde Kochzeit den gewaschenen Reis zufügen. Die weich gekochten Tauben in Stücke zerlegen und in die Brühe geben. Diese mit Salz abschmecken, Butter zufügen und gehackte Petersilie einstreuen.

Auf dem Liegnitzer Markt.

Braunbiersuppe

1 Stück Zimt
Zitronenschale
Salz
20 g Butter
40 g Mehl
¼ l Milch
½ l Malzbier
1 EL Zucker

Biersuppen waren besonders an kalten Wintertagen als Wärmespender beliebt. Man machte sie sowohl von hellem, als auch von dunklem oder Malzbier.

Zunächst ³/₈ l Wasser mit Zimt, Zitronenschale, Salz und Butter aufkochen. Mehl in Milch anrühren, in die kochende Flüssigkeit geben, 10 Minuten weiterkochen. Bier zugießen, erhitzen und nicht mehr kochen lassen. Mit Zucker abschmecken. Zimt und Zitronenschale herausnehmen.
Diese Suppe war in Schlesien auch als Getränk unter dem Namen „Warmbier" bekannt. Dazu wurde die Mehlmenge auf 20 g reduziert oder anstatt des Mehles 40 g bis 50 g Stärkemehl verwendet. An Warmbier wärmte man sich gern nach langen Schlittenfahrten, wobei man häufig auch nur einige Flaschen dunkles Kulmbacher oder Haase-Bier im Wasserbad erhitzte. Das gab schnell glühende Wangen und feurige Köpfe.

Das Missverständnis
Der Maxe und der Korle begegnen einander vor dem Dorfkretscham. – „Nu soag amal Korle, wohin tuste denn und du giehst asu stolz?" – „Dos siehste duch – ich hol a Vertel Schnoaps fer an Vatter!" – „Schnoaps? Ei disser zerrissenen dreckichten Hose, Korle?" – „Bis wull värrick! Natierlich ei disser sauberen Floasche!"
Alfons Hayduk

Die Schneekoppe mit Schlesierhaus und Riesenbaude.

Die Florianssäule in Habelschwerdt.

Geschlinge
(oder Lungensuppe)

500 g Kalbsgeschlinge
Salz
Wurzelzeug (Suppengemüse)
60 g Reis
Petersilie

Das sauber gewaschene Geschlinge mit 1 $\frac{1}{2}$ bis 2 l kochendem Salzwasser und dem geputzten Wurzelzeug ansetzen. Etwa 2 Stunden kochen und durch ein Sieb gießen. Inzwischen den Reis gesondert kochen. Das Fleisch in Würfel schneiden und mit dem Reis in die Suppe geben, gehackte Petersilie zufügen.

Linsensuppe

250 g Linsen
Wurzelzeug (Suppengemüse)
Salz
20 g Butter • 20 g Mehl
50 g magerer Räucherspeck
1 Zwiebel
1–2 EL Essig

Gewaschene Linsen über Nacht einweichen. Das klein geschnittene Wurzelzeug und die eingeweichten Linsen in 2 l Salzwasser oder Brühe weich kochen. Aus Butter und Mehl eine helle Einbrenne bereiten, mit Linsenbrühe auffüllen und zur Suppe geben. Speck und Zwiebel in Würfel schneiden, leicht bräunen und der Suppe zufügen. 10 Minuten kochen lassen, mit Essig abschmecken. (Nicht alle Mitglieder einer Tafelrunde lieben unbedingt den säuerlichen Geschmack, den der Essig hervorruft. Daher ein Tipp: Stellen Sie ein Essigfläschchen auf den Tisch, aus dem jeder nach Belieben seine Suppe abschmecken kann).

Linsen mit Backpflaumen

750 g Linsen
375 g Backpflaumen
50 g Speck
1 Zwiebel
40 g Mehl
Essig
Salz
Zucker

Linsen am Vorabend in 1 $^1/_2$ l Wasser einweichen, ebenso die Backpflaumen in $^3/_4$ l Wasser. Linsen im Einweichwasser 1 Stunde kochen, dann die Pflaumen mit dem Einweichwasser zugeben und garen. Speck und Zwiebel in Würfel schneiden, glasig dünsten, Mehl zufügen und mit Linsenbrühe ablöschen. Die Linsen und Pflaumen damit bündig machen und mit Essig, Salz und Zucker abschmecken. – Sie können zu diesem Gericht noch Würstchen reichen.

Die Görlitzer Altstadt mit ihren zahlreichen Geschäften.

Doas Kließla-Lied

Kließla, Kließla, Leibgerichte,
Kließla, meine liebste Kust,
weeßne Kließla – weiß und lichte -,
war kennt noch woas Bessersch sust?
Jedes macht enn langa Rüssel,
jeder Mensch eim Glücke schwimmt,
wenn die gruuße Kließlaschüssel
uff a Tiesch geroatbert kimmt.

Welt woas wärschte ohne Kließla?
Welt, wu wär' do deine Kroft?
Woas sein Flauma und Radiesla,
ohne Kucha, ohne Baba
koan derr Mensch ganz gutt bestiehn,
muuß a ohne Kließla laba,
muuß a glei zugrunde giehn!

Ernst Schenke (1896 – 1982)

Apfelklöße

250 g Mehl • 1 Ei • 70 g Butter • ½ TL Backpulver
500 g Äpfel • ⅛ l Wasser oder Milch
Salz • Zucker • Zimt

So hochgeschätzt für uns Schlesier im Alltag die Kartoffel ist, so enttäuschend ist ein Festtag ohne Klöße. Natürlich schmecken sie uns auch am Werktag ausgezeichnet, aber, bescheiden wie wir nun einmal sind, fügen wir uns der Regel: Alle Tage ist kein Sonntag.

Aus Mehl, Ei, 20 g zerlassener Butter, Backpulver, den geschälten, in Würfel geschnittenen Äpfeln und der Flüssigkeit einen nicht zu festen Teig bereiten und diesen gut schlagen. Von der Masse mit einem großen Löffel Klöße abstechen und in kochendes Salzwasser einlegen. 10 bis 15 Minuten ziehen lassen. Die abgetropften Klöße mit brauner Butter übergießen und mit Zucker und Zimt bestreuen. – Ersetzt man die Apfelwürfel durch 50 g ausgebratene Speckwürfel, so ergibt das Speckklöße, die statt mit Zucker und Zimt mit einer Sauce gereicht werden. Sie stellen ein schnelles, schmackhaftes Essen dar.

Quarkklößchen

750 g Quark • 1 Ei
Salz • 125 g Mehl
60 g Rosinen
50 g zerlassene Butter
Zucker • Zimt

Quark durch ein Sieb streichen, mit Ei, Salz, Mehl und Rosinen vermischen. Davon mit einem Teelöffel Klößchen abstechen und in kochendes Salzwasser einlegen. Auf kleiner Flamme etwa 15 Minuten ziehen lassen. Die abgetropften Klöße mit brauner Butter übergießen und mit Zucker und Zimt bestreuen.

Moh-Kließla
(Mohnklöße)

½ l Milch
4 EL Zucker
5 EL Rum
250 g gemahlener Mohn
40 g Sultaninen
40 g gehackte Mandeln
12 – 16 Semmelscheiben oder Zwieback

Vorweg sei gesagt: Mohnklöße sind keine Klöße, sie heißen nur so. Sie repräsentieren damit ein wenig schlesischen Schalk, schlesische Originalität. Sie heißen Klöße, sind aber keine – und damit basta! Das hat jedem einzuleuchten! – Mohn zog sich auf dem Lande jede schlesische Familie im Garten oder auf dem Felde selbst. Denn außer den Moh-Kließlan, die es nur am Heiligen Abend und Silvester gab, erfreuten sich Mohngebäcke vielerlei Art großer Beliebtheit. Moh-Kließla kommen am Heiligen Abend erst nach dem Abendessen auf den Tisch, sozusagen auf dem Höhepunkt des Festes, wenn die Geschenke bereits verteilt sind.

Zunächst ¼ l Milch zum Kochen bringen, 2 Esslöffel Zucker zufügen und mit dem Rum über den Mohn gießen, so dass ein fester Brei entsteht. Sultaninen und Mandeln dazugeben, gut vermischen. Die restliche Milch erhitzen, den Rest Zucker zufügen (wer das Gericht süßer liebt, gibt noch Zucker nach Geschmack hinzu), Semmelscheiben oder den Zwieback damit beträufeln. Sie müssen von der Flüssigkeit gut durchweicht sein, dürfen aber nicht zerfallen. Mohnbrei und Semmelscheiben oder Zwieback abwechselnd in eine Schüssel schichten, als oberste Lage Mohn. Die „Moh-Kließla" in einen kühlen Raum stellen, wo sie dem großen Augenblick des Aufgetragenwerdens entgegenharren. Wie aus der Puddingschüssel bekommt jeder auf sein Tellerchen einige Löffel voll „Moh-Kließla". Sie sind sehr sättigend.

Hefeklöße

30–40 g Hefe
¼ l Milch
500 g Mehl
50 g Zucker
1 Päckchen Vanillezucker
50 g Butter
1 Ei
Salz

Die Hefe mit 3 Esslöffeln lauwarmer Milch in einer Tasse auflösen. Aus Mehl, Zucker, Vanillezucker, zerlassener Butter, Ei, einer Prise Salz, der restlichen lauwarmen Milch und der aufgelösten Hefe einen festen Teig bereiten und schlagen, bis er Blasen wirft. Eventuell noch etwas Mehl zugeben; der Teig soll nicht an den Händen kleben. Mit einem Tuch zudecken und an einem warmen Ort 30 Minuten gehen lassen. Aus dem Teig etwa 10 Klöße formen, auf ein bemehltes Brett legen, zudecken und nochmals etwas aufgehen lassen. Einen breiten Topf etwa zu einem Drittel mit Wasser füllen und aufkochen. Ein Tuch, möglichst aus Mull, darüber spannen, die Klöße darauflegen, mit einer großen, umgestürzten Schüssel zudecken und über dem kochenden Wasser 10 bis 15 Minuten garen. Die Klöße vor dem Servieren mit 2 Gabel oben leicht aufreißen, eventuell mit brauner Butter übergießen. – Pflaumenmus oder Backobst dazureichen.

Semmelklößel

8 altbackene Semmeln
Salz • 1 Zwiebel
40 g Butter • Petersilie
Majoran gerebelt
⅜ l Milch • 2 Eier

Semmeln in dünne Scheiben schneiden, mit Salz bestreuen. Zwiebel in Würfel schneiden, in der Butter glasig dünsten und mit der gehackten Petersilie und etwas Majoran zu den Semmelscheiben geben. Mit lauwarmer Milch übergießen und einziehen lassen. Dann die Eier zugeben, alles gut verkneten und mit nassen Händen Klöße formen. In kochendes Salzwasser einlegen und nicht zugedeckt 20 Minuten gar ziehen lassen. – Semmelklößel können als Beilage zu Braten gegessen werden, sie schmecken aber auch mit einer Hackfleischsauce (die in Berlin anzüglich „Beamtenstippe" heißt) oder einer Specksauce gut.

Das Rathaus auf dem Markt von Hoyerswerda.

Polnische Klößel

1 kg rohe Kartoffeln • 500 g Pellkartoffeln
Salz • 2 Eier • 1 Semmel • 20 g Fett

Je weiter man von Niederschlesien ins oberschlesische Gebiet hineinkommt, desto öfter begegnet man dem polnischen Klößel, das vorwiegend aus rohen Kartoffeln zubereitet wird.

Die rohen, geschälten Kartoffeln in kaltes Wasser hineinreiben und durch ein Tuch pressen. Das Wasser eine Weile stehen lassen und die sich am Boden abgesetzte Stärke mit in den Teig geben. Die gekochten Kartoffeln schälen, reiben und mit Salz und Eiern in die rohe Kartoffelmasse mischen. Semmel in Würfel schneiden, im Fett anrösten und entweder alle in die Teigmasse geben oder immer einige in die Mitte jeden Kloßes. Klöße formen, in Mehl wenden, sofort in kochendes Salzwasser einlegen und auf kleiner Flamme nicht zugedeckt etwa 20 Minuten gar ziehen lassen.

Die Wilhelminenstraße im oberschlesischen Gleiwitz.

Kartoffelklößel

1 kg Pellkartoffeln
250 g Mehl oder 200 g Grieß
Salz • 1 Ei
evtl. Semmelwürfel
etwas Butter

Nach diesem Rezept wird der typische schlesische Kloß, unser geliebtes Klößel, bereitet, der zu jedem Braten, Kraut und Gemüse ausgezeichnet mundet. Ein Sonntag ohne Kließla ist für uns Schlesier wie ein Himmel ohne Sterne.

Die gekochten, geschälten Kartoffeln stampfen oder durch die Kartoffelpresse drücken. Mit Mehl oder Grieß, Salz und Ei vermischen und rasch zu einem Teig kneten, der nicht an den Händen kleben darf (sonst noch etwas Mehl oder Grieß zufügen). Einen Probekloß formen, ihn in Mehl wälzen und sofort in kochendes Salzwasser einlegen und auf kleiner Flamme aufgedeckt etwa 15 Minuten gar ziehen lassen. Wenn der Kloß zu weich wird, dem Teig noch etwas Mehl oder Grieß zufügen. Nun von dem Teig 4 bis 5 cm dicke Rollen formen und davon Klöße abschneiden. (In Butter angeröstete Semmelwürfel können in die Mitte jedes Kloßes eingerollt werden). Vor dem Einlegen in kochendes Salzwasser jeden Kloß in Mehl wälzen. (Es muss darauf geachtet werden, dass die Klöße sofort nach der Zubereitung ins kochende Salzwasser kommen, also rechtzeitig das Wasser aufsetzen!) Wieder auf kleiner Flamme aufgedeckt etwa 15 Minuten gar ziehen lassen. So einfach dieses Rezept auch erscheinen mag – unzählige junge, schlesische Hausfrauen brachen des Öfteren in Tränen aus, weil entweder die Klöße zum Schluss als formlose Masse im Topf herumschwammen oder knochenhart auf dem Teller landeten. Deswegen ist der Probekloß hier besonders wichtig. – Und hier noch ein bewährter Tipp für hungrige Sonntagstopfgucker: Schon seit eh und je stibitzten sich schlesische Kinder ein wenig vom Klößelteig, drückten ihn in der Hand flach, legten ihn geschwind auf die heiße Herdplatte – drehten ihn einmal um – und fertig war der „Platzek". Der schmeckt am besten heiß, auch aus nicht ganz sauberen Kinderhänden. (Kann auch auf der Elektroplatte praktiziert werden.)

Pfannkuchen
(auch Krappla, Krapfen, Berliner oder Ausgezogene genannt)

30 g Hefe • ⅛–¼ l Milch • 500 g Mehl • 50 g Butter
40 g Zucker • 1 Ei • ½ TL Salz • 1 EL Rum
Pflaumenmus zum Füllen • Eiweiß zum Bestreichen
Fett zum Ausbacken
Zucker zum Bestreuen (oder Zuckerguss von 250 g Puderzucker)

Die Hefe mit 3 Esslöffeln lauwarmer Milch in einer Tasse auflösen. Aus Mehl, der zerlassenen Butter, Zucker, Ei, Salz, Rum, der restlichen lauwarmen Milch und der aufgelösten Hefe einen Teig bereiten. Mit einem Tuch zudecken und an einem warmen Ort aufgehen lassen. – Den aufgegangenen Teig etwa 1 ½ cm dick ausrollen. Mit einem Ausstecher oder einem Glas auf der einen Hälfte der Teigplatte runde Plätzchen von 7 bis 8 cm Durchmesser anmerken. In die Mitte jedes Plätzchens etwas Pflaumenmus geben, die Ränder mit Eiweiß bestreichen. Die andere Teighälfte darüber klappen, ausstechen und die Ränder fest aufeinander drücken. Die Pfannkuchen auf ein bemehltes Brett setzen und mit einem Tuch zugedeckt nochmals an einem warmen Ort aufgehen lassen. Mit der oberen Seite zuerst in siedendes Fett legen, goldbraun backen, wenden und fertig backen. Wenn an einem Stäbchen, das in einen Pfannkuchen gesteckt wird, kein Teig mehr hängen bleibt, sind die Pfannkuchen gar. Zum Abtropfen auf ein Sieb legen, mit Zucker bestreuen oder in Zuckerguss (Puderzucker mit 6 Esslöffeln Wasser verrühren) tauchen.

Das Essen von Silvester-Pfannkuchen macht besonders Spaß, wenn einer oder zwei darunter sind, die anstatt mit süßem Pflaumenmus, mit scharfem Mostrich (Senf) gefüllt wurden. Wer dann einen solchen Pfannkuchen erwischt, ist nicht nur des schallenden Spottgelächters aller Anwesenden sicher, sondern muss auch – nach überliefertem Aberglauben – im neuen Jahr vor unangenehmen Überraschungen besonders auf der Hut sein. In manchen Familien backt man auch Zettelchen mit mehr oder weniger sinnreichen Sprüchen ein oder sogar kleine Symbolgegenstände, wie ein Brautkränzchen, ein winziges Wickelkleid, ein Kleeblatt oder Schweinchen.

Bauernessen

60 g Räucherspeck
750 g Pellkartoffeln
3 Eier • Salz
125 g Fleischwurst oder gekochten Schinken
gehackte Petersilie

Es ist sehr geeignet als Resteverwertung von gekochten Kartoffeln, Wurst oder auch Fleisch und ein schnell zu bereitendes, sättigendes Abendessen.

Speck in Würfel schneiden, glasig dünsten. Gekochte Kartoffeln schälen, in nicht zu dünne Scheiben schneiden und von beiden Seiten in dem Speck anbraten. Die Eier mit 3 Esslöffeln Wasser und Salz verquirlen, über die Bratkartoffeln in die Pfanne gießen und stocken lassen. Wurst oder Schinken in Würfel schneiden, unter das Gericht mischen und mit Petersilie bestreuen. – Dazu passt Buttermilch als Getränk.

Der Rossmarkt von Glatz.

Brühkartoffeln mit Speck

Wurzelzeug (Suppengemüse)
50 g mageren Räucherspeck
1 EL Öl
1 kg Kartoffeln
Salz • Suppenwürze
1 Zwiebel • 20 g Butter
Petersilie

Wurzelzeug putzen und in kleine Würfel schneiden. Speck in Würfel schneiden, in Öl glasig dünsten. Wurzelzeug dazugeben und kurz mitdünsten. 1 l Wasser oder Brühe aufgießen, die geschälten, in Würfel oder dicke Scheiben geschnittenen Kartoffeln zufügen, gar kochen. Mit Salz und Suppenwürze abschmecken. Zwiebel in Würfel schneiden, in Butter dünsten und mit der gehackten Petersilie dem Gericht beifügen.

Eine bäuerliche Familie in Giehren im Isergebirge.

Kartoffelpuffer

1 kg Kartoffeln • 2 EL Mehl • 1–2 Eier
Salz • Öl oder Fett zum Braten

Wenn dieses Gericht gleichzeitig auch eine Spezialität in anderen Gegenden ist, so soll mich diese Tatsache nicht daran hindern, auf die in Schlesien allzeit beliebten Kartoffelpuffer einzugehen. Der Schlesier liebt sie übrigens – im Gegensatz zu dem Westfalen – mit Zucker bestreut.

Kartoffeln schälen, reiben und gleich mit Mehl bestäuben, damit sie nicht braun werden. Eier verquirlen und mit Salz an die Masse rühren. In das siedend heiße Öl oder Fett jeweils einen Esslöffel voll Kartoffelmasse geben, breit drücken und kurz von beiden Seiten braun braten. Mit Zucker bestreuen und Apfelmus, Birnen- oder Pflaumenkompott oder eine Tasse Kaffee dazureichen.

Arbeiter des Langholzfuhrwerks der Försterei Weißwasser
(vor der Schlackenthal-Baude in Reichenstein).

Stampfkartoffeln
(Kartoffelbrei)

Dieses allgemein bekannte Gericht hatte in Schlesien ein „gewisses Etwas", das bewirkte, dass es auch unter dem Titel „Schlesischer Kartoffelbrei" auf den Speisekarten anderer Landesteile erschien. Es ist der ausgebratene Speck, der unter den fertigen Brei gemischt wird und ihm eine besonders herzhafte Note verleiht. Auch die dazugereichte Sauer- oder Buttermilch ist eine schlesische Spezialität. Stampfkartoffeln waren auf dem Land, besonders zur Erntezeit, ein sehr beliebtes Mittag- oder Abendessen. Die Zubereitung nimmt nicht viel Zeit in Anspruch; sie sind erfrischend an heißen Tagen und belasten den Magen nicht.

1 kg Kartoffeln • Salz

⅜–½ l Milch

125 g durchwachsenen Räucherspeck

Buttermilch oder Sauermilch

Kartoffeln schälen, in Salzwasser gar kochen, abgießen und durch die Presse drücken oder stampfen. Mit der kochenden Milch glatt rühren. Speck in Würfel schneiden, ausbraten und in den Brei mischen. Mit Salz abschmecken. Den Kartoffelbrei in tiefe Teller geben, Buttermilch darüber gießen oder kalte Sauermilch in Tassen dazureichen.

Kartoffelgemüse

1 kg Kartoffeln • Salz

1 Zwiebel • 40 g Butter

20 g Mehl • evtl. Essig

Kartoffeln schälen, in Würfel oder in dicke Scheiben schneiden, in 1 l Brühe mit Salz garen. Aus Butter, Zwiebelwürfeln und Mehl eine mittelbraune Einbrenne bereiten. Mit der Brühe auffüllen, 20 Minuten kochen lassen und mit den Kartoffeln vermischen. Eventuell mit etwas Essig abschmecken.

Lommels Eisbein

Ja, das gude Assa, das liebten unsere Schlesinger zu allen Zeiten. Als Ludwig Manfred Lommel noch nicht von der Schlesischen Funkstunde entdeckt worden war und also auch noch nicht mit seinem „Sender Runxendorf" seinen Lebensunterhalt bestritt, sondern mit kleineren Sachen vorlieb nehmen musste, da verdiente er sein tägliches Brot recht und schlecht als Reisender.

„Här'n Se, Lommel", sagte eines Morgens der Chef, „Se fahrn glei nach Polkwitz, do sein Se mittags da, verspachteln a Eisbeen ei'm „Guldenen Lomm", und so gestärkt, besuchen Se unsre Polkwitzer Kundschaft. Bittä de Abschlisse dann glei per Tälegramm. Mer kennen druffhin insre Dischpusitzionen träffen! Adjee!"

„Adjee!" sagte auch Lommel und freute sich auf 's Guldene Lomm mit den Eisbeinen, indes er sich auf dem Hinterperron der „Gürtelschleiche", die ihn zum Hauptbahnhof brachte, die eigenen Haxen vertrat. Dann reiste er los.

Nachmittags kam tatsächlich das Telegramm, das der Chef erwartete. Er riss es auf. Es war aber nicht in Polkwitz aufgegeben, wo die gute Kundschaft saß, sondern in Liegnitz, wo die Konkurrenz den Markt beherrschte und abgraste. Lommel drahtete: „In ganz Polkwitz kein Eisbein erhältlich – stopp – versuche mein Glück jetzt in Liegnitz." Wir hoffen, dass er es wirklich gefunden hat.

Alfons Hayduk (1900 – 1972)

Eisbein

750 g Eisbein • 1 Zwiebel • 3 Gewürzkörner
3 Pfefferkörner • 1 Lorbeerblatt

Mit Eisbein verbindet der Breslauer fast automatisch den Stammtisch bei Kißling oder im Schweidnitzer Keller, dem traditionsreichen Lokal im Breslauer Rathaus. Auch bei Hennig, auf der Hinterbleiche, gab's herrliches Eisbein, und man spülte es dort mit einem „Hosenbrummer" (Einfachbier) und einer „Gallone" Korn hinunter. Sogar behäbige Studentenmütter wussten es zu schätzen, wenn sie ihre Söhne im Breslauer Universitätsviertel besuchten.

Die gewaschenen Eisbeinstücke mit der Zwiebel und den Gewürzen in 2 l kaltem Wasser aufsetzen und 2 bis 3 Stunden kochen. – Erbsenbrei (siehe Seite 83), Sauerkraut und eine Scheibe Brot gehören dazu. Und natürlich ein zischendes Kißling-Bier oder ein „Hennig-Korn", genannt „Hennig-Creme".

Diese Bierfässer in Görlitz reichen für viele durstige Kehlen.

Lammbraten

1 Lammkeule • Salz • Pfeffer • 200 g Zwiebeln
60 g Butter • Piment

Die Keule mit Salz und Pfeffer einreiben, mit den grob gehackten Zwiebeln in die heiße Butter geben und von allen Seiten anbräunen. Etwa $1/4$ l heißes Wasser angießen, Piment zufügen und unter häufigem Beschöpfen etwa 1 $1/2$ Stunden im Backrohr braten.

Hammelschulter

600 g gerollte Hammelschulter • Salz • Pfeffer
Paprika • 30 g Fett • 250 g Reis

Das Fleisch mit Salz, Pfeffer und Paprika würzen und im heißen Fett hellbraun anbraten. $1/2$ l Wasser angießen, den Topf gut zudecken und bei schwacher Hitze garen. Reis waschen und abtropfen lassen. Fleisch aus der Brühe nehmen. Da die Brühe etwas eingekocht ist, mit Wasser wieder auf $1/2$ l ergänzen, Reis zufügen, zudecken und 20 Minuten garen. Das Fleisch in Scheiben schneiden und mit dem Reis auf vorgewärmter Platte anrichten.

Kalbshirn, gebacken

2 Kalbshirne • Salz • etwas Mehl
1 Ei • Semmelbrösel • 40 g Fett

Die gewaschenen Hirne mit warmem Wasser übergießen, zugedeckt 10 Minuten stehen lassen, dann die Aderhaut entfernen. In flache Stücke schneiden, salzen, in Mehl, verquirltem Ei und Semmelbrösel wenden, im heißen Fett bàcken. Die Hirne können auch vor dem Braten 10 Minuten in Salzwasser gekocht werden. – Zu Hirn passen Kartoffeln, Gemüse und Salat.

Rehrücken

100 g Speck • 1 kg frischen oder gebeizten Rehrücken
Salz • Pfeffer • Wacholderbeeren
60 g Butter • 2 EL Mehl • ⅛ l saure Sahne

Speck in feine Streifen schneiden. Den gehäuteten, frischen oder gebeizten Rehrücken damit spicken, mit Salz, Pfeffer und zerdrückten Wacholderbeeren einreiben. In eine Bratschüssel mit heißer Butter legen und im Backrohr 1 Stunde bei häufigem Begießen und der Zugabe von etwa ¼ l kochendem Wasser garen. Die Sauce durch ein Sieb streichen, mit dem angerührten Mehl binden und mit der Sahne verfeinern. – Zum Anrichten das Fleisch in dünne Scheiben schneiden und wieder zusammengeschoben auf die Rückenknochen legen. Dazu: verschiedene Gemüse oder Salate, Preiselbeer- oder Ananaskompott. Als Getränk: zu Wild immer Rotwein.

In der herrlichen Landschaft des Riesengebirges gibt es viel Wild.
Hier der Ort Hain mit den Schneegruben.

Sauerbraten

500 – 600 g Rindfleisch (ohne Knochen)

Für die Beize
1 Zwiebel • Wurzelzeug (Suppengemüse)
6 EL Essig • 8 Pfefferkörner
1 Lorbeerblatt • Salz • Pfeffer • 20 g Mehl • 40 g Butter

Das Fleisch 2 bis 4 Tage in eine Beize legen: Zwiebel in Scheiben schneiden, Wurzelzeug waschen und putzen. Mit den anderen Zutaten 10 Minuten in 1 l Wasser kochen, erkaltet über das Fleisch gießen. – Nach dieser Zeit das Fleisch aus der Beize nehmen, mit Salz und Pfeffer einreiben, in Mehl wenden, in die siedende Butter geben und von allen Seiten braun anbraten. So viel von der Beize zugeben, dass das Fleisch zur Hälfte bedeckt ist. Zudecken und bei öfterem Wenden 2 Stunden schmoren. Die Sauce durch ein Sieb streichen, eventuell mit angerührtem Mehl oder Stärkemehl leicht binden und über das in Scheiben geschnittene Fleisch geben. – Dazu gibt's Semmelklößel (siehe Seite 38).

Kalbsnieren

3 – 4 Kalbsnieren • Salz • 50 g Butter
1 Zwiebel • 1 EL Mostrich (Senf)

Nieren von der sie umhüllenden Fettschicht befreien, waschen, die Haut abziehen und mit Salz bestreuen. Der Länge nach aufschneiden, Sehnen und Häute entfernen und in feine Scheibchen schneiden. Diese in der gebräunten Butter mit der würflig geschnittenen Zwiebel 5 bis 7 Minuten braten. Den Bratensatz mit 1 Esslöffel Mostrich verrühren, eventuell noch etwas Wasser angießen. – Anstatt mit Mostrich kann man auch mit Essig und Pfeffer abschmecken und hat dann „saure Nieren". Möchte man mehr Sauce, bestäubt man die Nieren nach dem Rösten mit etwas Mehl, gießt auf und lässt noch einige Minuten kochen.

Bunzlau in Niederschlesien ist für seine Keramik berühmt.

Kalbsfüße

2 Kalbsfüße • Wurzelzeug (Suppengemüse)
Salz • etwas Mehl • 1 Ei • Semmelbrösel • 50 g Fett

Ein richtiger Schlesier spricht das Wort „Kalbsfüße" mit ehrfürchtiger Zärtlichkeit aus, in Erinnerung an herrliche Genüsse in der Heimat.

Kalbsfüße waschen, mit dem geputzten Wurzelzeug in Salzwasser 1 ½ bis 2 Stunden kochen, bis die Haut weich ist. Noch warm Haut und Fleisch von den Knochen lösen und flach ausgebreitet zwischen zwei Holzbretter legen, damit die Stücke sich besser ausbacken lassen. Erkaltet in Rechtecke schneiden, in Mehl, verquirltem Ei und Semmelbröseln wenden und in heißem Fett bräunen. – Diese mit besonderer Vorliebe verspeiste Delikatesse wird zu Kartoffelsalat oder Gemüse gereicht.

Bauern auf einem Feld vor Kattowitz.

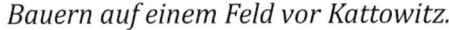

Gallert
(Sülze)

1 Schweinsohr • 1 Kalbsfuß
1 Zwiebel • 3 Pfefferkörner
3 Gewürzkörner
Salz
⅛ l Essig
750 g Schweinefleisch
1 saure Gurke oder 2 Gewürzgurken

Gallert, mit Essig und Öl beträufelt, mit Zwiebelringen bestreut und dazu Bratkartoffeln – auch das ist ein kleines „Schlesisches Himmelreich" auf Erden. Und dass ein hausgemachtes Gallert ein fertig gekauftes an Geschmack bei weitem übertrifft – das ist allen klar. Die Zeitfrage ist natürlich ein anderes Problem.

Schweinsohr, Kalbsfuß, Zwiebel, Pfeffer- und Gewürzkörner, Salz und Essig in 1 ½ l kaltem Wasser ansetzen und 2 bis 3 Stunden kochen. (Wer das lange Kochen der leimgebenden Fleischteile, wie Schweinsohr und Kalbsfuß, vermeiden will, nehme 1 l beliebige Brühe und gebe 12 bis 16 Blatt aufgelöste weiße Gelatine dazu. 12 Blatt genügen, wenn die Sülze nicht gewürzt werden soll, sonst benötigt man 16 Blatt). Das Schweinefleisch in die kochende Brühe geben und nach etwa 1 Stunde herausnehmen. Nach insgesamt etwa 3 Stunden Kochzeit das an der Oberfläche der Brühe abgesetzte Fett abnehmen, Brühe durch ein Sieb gießen und mit Salz und Essig abschmecken. Das Fleisch von den Knochen lösen, in Würfel schneiden, Gurken ebenfalls in Würfel schneiden und in die Brühe geben. Das Ganze öfter umrühren und, wenn es anfängt steif zu werden, in eine mit kaltem Wasser ausgespülte Schüssel oder in mehrere kleine Förmchen gießen, erstarren lassen, vor Gebrauch stürzen. Das fertige Gallert wie am Anfang beschrieben zu Tisch bringen. – Man kann auch anstatt des Schweinefleisches Kalbfleisch verwenden und gibt dann zusätzlich 125 g bis 150 g Schwarten als Geliergut und Suppengemüse hinzu. Die weich gekochten Schwarten durch die Maschine drehen oder in kleine Würfel schneiden. Sonst genauso wie im obigen Rezept verfahren.

Besser getroffa

Der Voater soate mit leisem Tadel:
„Woas? Ihr lußt is Assa liega?
Mutter, ünse beede Madel
sein doch zu verwöhnte Ziega!
Ihs euch doas Assa nich gutt genung?
Wort! Ich breng euch uff a Schwung!

Fleeschbrutla ei brauner Putter!
Woas meenter, wie ich die verdrückt hätte,
wenn ich die vo meener Mutter
ock a eenzig Mol gekriegt hätte,
aber derheeme – gruß woar de Nuut! –
goab ufte blußig treuges (trocknes) Brut!" –

Doo soate de Jüngste (is ihs'n Perle!
Die macht is ganze Durf zum Offa!):
„Gell, Voater, du ormer Kerle,
do huste's bei üns viel besser getroffa?
Kumm, doo lang ock feste zu!
Gell, Mutter, bir sein nich asu!"

Hans Rößler

Fleischbrötel

1 altbackene Semmel • 1 Zwiebel
500 g Gewiegtes (Rind- und Schweinefleisch, halb und halb)
1 Ei • Salz • Pfeffer • evtl. Paprika • evtl. Semmelbrösel • 50 g Fett

Dieses Gericht erfreut sich in vielen Ländern unter verschiedenen Bezeichnungen großer Beliebtheit. Da es auch auf keinem schlesischen Küchenzettel wegzudenken ist, würde sein Fehlen eine Lücke im Kranz der in Schlesien gern und häufig gegessenen Mahlzeiten bedeuten.

Semmel einweichen, ausdrücken, Zwiebel in feine Würfel schneiden. Mit dem Fleisch, Ei und Gewürzen gut vermischen. Flache Brotel formen, die kreisförmig oder oval sein können. Eventuell in Semmelbrösel wenden und in heißem Fett von beiden Seiten braten. – Fleischbrötel passen zu Kartoffeln mit verschiedenen Gemüsebeilagen, je nach Jahreszeit. Auch kalt aufgeschnitten sind sie abends als Brotbelag begehrt.

Schrotholzkirchen sind typisch für Schlesien, wie St. Anna in Rosenberg.

Schwärtelbraten

1 kg magere Schweinekeule mit Schwarte
Salz • Pfeffer
Kümmel • 1 Zwiebel
2 TL Stärkemehl • evtl. ⅛ l saure Sahne

Das Fleisch mit Salz, Pfeffer und Kümmel einreiben. ¼ l Wasser aufkochen. Das Fleisch – mit Schwarte nach oben – hineingeben, zudecken und im mittelheißen Backrohr etwa 45 Minuten dünsten. Dann die Schwarte und die darunterliegende Fettschicht karoförmig einschneiden, Zwiebelscheiben zufügen, und die Keule unter öfterem Begießen nicht zugedeckt im Backrohr braten. Während der letzten 15 bis 20 Minuten Bratzeit das Fleisch nicht mehr begießen, damit die Schwärtel (Schwartenstückchen) schön knusprig werden. Die Sauce mit dem angerührten Stärkemehl binden, abschmecken und eventuell saure Sahne zufügen. Das Fleisch in Scheiben schneiden und mit der Sauce anrichten.

Birnen mit Fleisch und Klößen

500 g Schweinefleisch
Salz
750 g Birnen
30 g Butter • 30 g Mehl
Zucker • evtl. Zitronensaft

Das Fleisch in 1 l kochendes Salzwasser einlegen und etwa 1 Stunde kochen. Birnen schälen, Kerngehäuse entfernen, halbieren, in die Brühe geben und zusammen mit dem Fleisch weich kochen. – Aus Butter und Mehl eine Einbrenne bereiten, mit der Brühe aufgießen und mit Salz, Zucker und eventuell Zitronensaft abschmecken. Fleisch und Birnen zufügen und mit Semmelklößel (siehe Seite 38) zu Tisch geben.

Dreimal geraten

In der Oderfestung Cosel diente ein braver Oberschlesier als treuer Musketier des Alten Fritzen. Vom Festungswall, auf dem er die Wache bezogen hatte, schaute er in die östliche Ferne, wo er sein geliebtes Heimatdorf wusste. Das Heimweh zwackte ihn ordentlich, dass er direkt ein Gefühl der Leere in der Magengegend verspürte, und da wusste er nichts Besseres anzufangen, als in den Brotbeutel zu greifen und eine prächtige schwarze Wurst hervorzuholen. Ja, es war keine gewöhnliche Fleischerwurst, sondern eine hausschlachterne, wie man sie nur in Oberschlesien kennt, aus Graupen, Semmeln, Speck und Blut und kräftig gewürzt dazu, ein richtiger oberschlesischer Krupniok.

Der Wachsoldat beißt also herzhaft in seinen heimatlichen Krupniok und kaut gar gewaltig auf beiden Backen; denn Heimweh und Hunger hatten es in sich. Kommt doch da – es war die Zeit der königlichen Visitationsreisen – ein unscheinbares Männlein, gestützt auf seinen Krückstock, in blauem Waffenrock ohne alle Rangabzeichen daher und bleibt, die kühne Adlernase vorstreckend, vor unserm Kokoschützer Jungen stehen, der seelenvergnügt weiterkaut.

„Heda, Musketier, was kaut Er denn da so eifrig – parbleu?" – „Nu was – järunje!" stottert der Soldat zwischen den mahlenden Kiefern hervor, „was extra Guttes von zu Hause! Dreimal dirfen Sie ratten!" – „Hm – is es vielleicht fette Krakauer?" – „A bissel was mehr!" – „Mon dieu – is es vielleicht gute Breslauer?" – „A bissel was mehr!" – „Potz Blitz – dann is es ein richtiger oberschlesischer Krupniok!" – „Järunje, richtig – was einmal da mehr!"

Der Musketier strahlte übers ganze Gesicht, und der Alte lachte aus vollem Halse mit, um schließlich schelmisch blitzenden Auges zu sagen: „Nu rate aber Er mal, wer ich denn eigentlich bin! Dreimal sei es verstattet, sonste da -." Und er machte eine unmissverständliche Bewegung mit dem Krückstock. „Hm – da sin Sie ja vielleicht schon een pensionierter Hauptmann?" – „A bissel was mehr!" – „Jäkusch – da vielleichte gar een ausrangierter General?" – „A bissel was mehr!" – „Moj boze – da bist du der Keenig!" – „Järunje, richtig – was einmal da mehr!" lachte der Alte Fritz. Der Kokoschütze bekam Kulleraugen: „Uijeh – da halten Sie bloß mal schnell den Krupniok; denn wenn Keenig, da muss ich ja schon präsentieren!"

Alfons Hayduk

57

Schmorbraten I

500–600 g Rindfleisch (ohne Knochen)
evtl. 40 g Räucherspeck in Streifen • Salz • Pfeffer
20 g Mehl • 40 g Butter • Wurzelzeug • 1 Zwiebel
1 kleines Lorbeerblatt • 5 Pfeffer- • 2 Gewürzkörner
1 Stück Brotrinde • ⅛ l saure Sahne

Das Fleisch kann mit Räucherspeck gespickt oder ungespickt geschmort werden. Das Fleisch mit Salz und Pfeffer einreiben, in Mehl wenden, in die siedende Butter geben und von allen Seiten braun anbraten. Das geputzte, gewaschene und klein geschnittene Wurzelzeug (Suppengemüse), die würflig geschnittene Zwiebel, die Gewürze, Brotrinde, Sahne und so viel kochendes Wasser zugeben, dass das Fleisch zur Hälfte bedeckt ist. Zudecken und bei öfterem Wenden 2 Stunden schmoren. Die Sauce durch ein Sieb streichen und über das in Scheiben geschnittene Fleisch geben. – Die passierte Sauce eventuell mit angerührtem Mehl oder Stärkemehl leicht binden.

Kohlenreviere und Industrie prägten das Bild Oberschlesiens:
hier die Donnersmarckhütte in Hindenburg.

Schmorbraten II

500–600 g Rindfleisch (ohne Knochen)
Salz
Pfeffer
20 g Mehl
40 g Butter
Wurzelzeug (Suppengemüse)
¼ l Malzbier
3 Wacholderbeeren
50 g Fischpfefferkuchen
2 EL Essig
Zucker

Eine andere Art der Schmorbraten-Zubereitung ist in Schlesien ebenfalls sehr beliebt: Das Fleisch wird ebenso wie im vorigen Rezept behandelt.

Nach dem Anbraten das geputzte, klein geschnittene Wurzelzeug, Bier, Wacholderbeeren und so viel kochendes Wasser zugeben, dass das Fleisch zur Hälfte bedeckt ist. Zudecken und bei öfterem Wenden 2 Stunden schmoren. Fleisch herausnehmen, Fischpfefferkuchen reiben, mit Essig verrühren, der Sauce beifügen, mehrmals aufkochen lassen und mit Salz und Zucker abschmecken. Die passierte Sauce über das in Scheiben geschnittene Fleisch geben. – Zu Schmorbraten gehören: Kartoffel- oder Semmelklößel (siehe Seite 40 und Seite 38), Blaukraut (siehe Seite 82).

Besser 'ne Laus im Kraute, oas gor kee Fleesch.
Aßt oach, ihr Leutla, sust kriega's de Schweine.

Hasenbraten

1 Hasenrücken • 2 Schlegel
1 ½ l Buttermilch • 100 g Speck
Pfeffer • Salz
Wacholderbeeren • Gewürzkörner
Thymian • Muskat
Pfefferkörner • 60 g Butter
2 EL Mehl • ⅛ l saure Sahne

Am 15. Oktober geht in der Regel die Hasenjagd auf, und dieser Termin leitet einen der Höhepunkte jagdlichen Erlebens ein: die Treibjagd. Reviere mit Ausmaßen, von denen man sich in Westdeutschland keine Vorstellung machen kann, sorgten bei uns in Schlesien für ein überaus reiches Wildvorkommen. Es ist kein Jägerlatein, was mir mein Vater, selbst leidenschaftlicher Jäger, erzählte: In dem 10 000 Morgen großen Revier des Herrn von Nehring, das um Breslau herum lag, betrug zum Beispiel die Strecke einer Treibjagd, die nach dem Plan der „böhmischen Schleppe" angeordnet worden war, 2 000 Hasen. Dabei kamen auf einen Schützen über 200 Hasen. Da musste er den Finger schon unentwegt am Abzug haben!

Hasenrücken und Schlegel zwei Tage vorher in Buttermilch legen und zugedeckt kühl stellen. Speck in Streifen schneiden, Fleisch abtrocknen, spicken, mit Pfeffer, Salz und den zerdrückten Wacholderbeeren einreiben. Fleisch und Gewürze in die heiße Butter geben. Unter häufigem Begießen im eigenen Saft garen. Der Rücken braucht etwa 40 Minuten, die Schlegel 1 bis 1 ½ Stunden. Es empfiehlt sich daher, den Rücken nach der angegebenen Zeit herauszunehmen und warm zu stellen. Nachdem auch die Schlegel herausgenommen sind, das angerührte Mehl in den Bratensaft geben und mit ¼ l Wasser und der Sahne aufgießen, 15 Minuten kochen lassen. Die Sauce durch ein Sieb streichen, den Rücken in 4 bis 6 Teile, die Schlegel in je 3 Stücke zerlegen und mit der Sauce überzogen anrichten. – Beilagen: Blaukraut (Seite 82), Kartoffelklößel (Seite 40), Apfelmus oder Preiselbeerkompott, Selleriesalat (Seite 82).

Immer schissa Se!

Weil Hermonn a su gespoaßig woar – aber nich bluß desterwägen -, toat'n derr Joadpächter uffn Hofe immer zerr Joad eiloada. – Uff su a Joad, doas wart' err ju wissa, do gibbts zweerlee Surta Menscha – Treiber und Schütza. Under da Schütza sein wieder zweerlee Surta, richt'ge und folsche. Die folscha heeßt ma o Sunntichjager. Su zahn Schriete vo Hermonn stond su enner, su a richtiger gelernter Sunntichjager.

A Hoase koam ganz nohnde verbei. Dar zielte – plautz druuf – dar Hoase liff ruhig wetter, 's hott'm nischt getoon. Do soate Hermonn ieber dan Kärle: „Schissa Se ock noch amol, dar wird's nich gehurrt honn!"

Wilhelm Menzel (1898, Obersteinkirch – 1980, Dortmund)

Gruppenbild der Förster und Jäger aus Guttentag und Umgebung.

Wellwurst

1 kg Bauchfleisch • 50 g Salz
500 g Schweineleber • 125 g Zwiebeln
125 g Fett • 250 g Semmeln
250 g gekochte Schwarten
1 EL Thymian • 2 EL Majoran
1 Msp. Pfeffer • Dünndärme

Dieser Wurst trauern wir Schlesier wohl am meisten nach, denn kein Fleischer macht sie hier so, wie wir sie lieben und gewöhnt waren. Was bleibt uns da anderes übrig, als von Zeit zu Zeit selbst eine Wellwurst wie „anno dazumal" zu bereiten! Es ist gar nicht so schwer, versuchen Sie's einmal, auch wenn Sie nicht zu jenen gehören, die selbst ein Schwein im Stall haben und ein Schlachtfest feiern können.

Ehe Sie mit der Wursterei beginnen, sollten Sie folgende Grundregeln kennen: nur tadelloses Fleisch verarbeiten. Das gekochte Fleisch am besten noch warm durch die Maschine drehen. Die Wurst bindet dann besser. Die Gewürze möglichst am Vortag bereitstellen, damit sie dann griffbereit sind. Naturdärme oft im warmen Wasser wenden, bis das Wasser klar bleibt. Vor dem Einfüllen der Wurstmasse die innere glatte Seite der Därme nach außen kehren.

Bauchfleisch in kochendem Salzwasser ansetzen und nicht zu weich garen. Die rohe Leber und das gekochte Fleisch in Würfel schneiden. Die grob gehackten Zwiebeln im Fett $\frac{1}{2}$ Stunde bei geringer Hitze kochen. Hierbei darf sich weder die Farbe der Zwiebel noch des Fettes verändern. Semmeln in $\frac{3}{8}$ l Brühe einweichen und zerkleinern. Fleisch, Leber und Semmelmasse sowie die Schwarten einmal durch die Maschine drehen, das Zwiebelfett durch ein Sieb dazugeben, die Masse mit den Gewürzen vermischen und mit Salz abschmecken. Durch einen Wursttrichter in die Därme einfüllen (nicht zu fest!) und zubinden. Die Würste nach einmaligem Aufkochen 25 bis 30 Minuten ziehen lassen. – Auch gebraten schmeckt die Wellwurst ausgezeichnet. Zur Blutwurst die gleichen Zutaten verwenden, außer der Leber, die durch 1 l Schweineblut ersetzt wird. Zur Wellwurst isst man Sauerkraut und Kartoffeln oder Brot.

Wellfleeschassa

Werdt bei uns a Schwein geschlacht,
Wellfleeschassa watt gemacht.
Warde mietgemacht sulch Assen
werds sei Laba nich vergassen!
Aus dem Kessel kumma hees
ganze Schüsseln vulle Fleesch,
mit der Goabel, ees zwee drei
fährt ma ei die Schüssel nei.
Nimmt sich glei vu jedem woas,
ees nimmt dies, ees nimmt doas.
Enner grefft glei no da Zunga,
enner wieder no da Lunga,
enner grefft nom Gorgelknota,
enner Fettes, ganze Knota,
enner will a Nierla hoan,
ees macht sich oan's Harze droan,
ees nimmt sich is Schwänzle har,
ees doas klaupt a Kupp itz lar!
Doas da Maga gutt verdaut,
gibt's derzune Krien und Kraut!
Und in Korn gibt's fer o Dortscht,
glei druf kimmt die frische Woscht!
Wie doas schmeckt, herjekersch nee,
schoade bluss, ma koan nich meh!

Gebratene Pute

1 Pute • Salz (10 g je 500 g Pute)
100 g Speck in Scheiben • 100 g Butter
4 EL Mehl • ½ l saure Sahne

Fleischfüllung

1 ½ Semmeln • 30 g Butter • 375 g gehacktes Schweinefleisch
375 g gehacktes Kalbfleisch • Putenleber, fein gewiegt
2 Eier • Salz • Pfeffer • 20 g Pilze

Semmelfüllung

6 süße und 2 bittere Mandeln • 2 Semmeln • 30 g Butter
2 Eier • 1 Eigelb • 1 TL Salz • 1 TL Zucker • 25 g Rosinen

Man sagt der Pute nach, sie habe dreierlei Sorten Fleisch: Ihr Brustfleisch schmeckt wie Kalbfleisch so zart, ihr Keulenfleisch wie Ochsenfleisch und ihr fettes Fleisch wie Schweinefleisch.

Die vorbereitete Pute innen und außen mit Salz einreiben, den Kropf eventuell mit Semmelmasse (siehe unten) und den Rumpf mit Fleischmasse (siehe unten), oder Kropf und Rumpf mit Fleischmasse füllen und zunähen. Brust und die hochgeschobenen Keulen mit Speckscheiben belegen, festbinden. In die Bratpfanne legen, mit 1 bis 1 ½ l kochendem Wasser begießen und 1 Stunde auf dem Herd oder im Backrohr bei öfterem Beschöpfen kochen. Flüssigkeit in ein anderes Gefäß gießen. Pute mit gebräunter Butter übergießen und im Backrohr unter häufigem Beschöpfen und Zufügen der nötigen Flüssigkeit 2 bis 2 ½ Stunden braten. Sauce mit Mehl binden, mit der Sahne aufkochen und zu der angerichteten Pute reichen. Die Füllung in Scheiben geschnitten auf dem Rand der Servierplatte anrichten.
Fleischfüllung: Semmeln einweichen und ausdrücken. Mit zerlassener Butter im Topf bei geringer Hitze verrühren. Fleisch, Leber, Eier, Gewürze und Pilze zufügen, vermischen und abschmecken.
Semmelfüllung: Mandeln abziehen, mahlen. Semmeln einweichen und ausdrücken. Mit zerlassener Butter im Topf bei geringer Hitze verrühren. Alle Zutaten beifügen und abschmecken.

Schlesisches Himmelreich

250 g Backobst
500 Schweinefleisch (oder Pökelfleisch)
Salz • 30 g Butter • 30 g Mehl • Zucker • evtl. Zitronensaft

Vielbesungen, oft gekocht, über alle Maßen geliebt und gelobt: das ist des Schlesiers Nationalgericht – sein Himmelreich auf Erden! Nichts kann uns unser schlesisches Himmelreich, bestehend aus Backobst, Fleisch und Klößen, nehmen. Wir können es uns überall, wo es uns auch hingeweht hat, kochen. Und nun auf zum Schlesischen Himmelreich-Essen!

Das Backobst über Nacht in $1/2$ l Wasser einweichen. Schweinefleisch in 1 l kochendem Salzwasser, Pökelfleisch in 1 l kaltem Wasser ohne Salz ansetzen; etwa 1 Stunde garen. Das eingeweichte Backobst zufügen, zusammen weich kochen. Aus Butter und Mehl eine Einbrenne bereiten, mit Brühe ablöschen, mit Salz, Zucker und eventuell Zitronensaft abschmecken und mit dem in Scheiben geschnittenen Fleisch und Backobst vermengen. – Schlesisches Himmelreich wird mit Semmelklößel (siehe Seite 38) serviert.

Gurkensauce

1 saure Gurke • 40 g Butter • 40 g Mehl
Essig oder Zitronensaft • Salz • Zucker

Die Gurke stand in Schlesien in hohem Ansehen. Sie zählte zu einer der vielen Spezialitäten, die die Piastenstadt Liegnitz aufzuweisen hatte. Liegnitzer Gurken, Liegnitzer Sauerkraut, Liegnitzer Bomben sind weit über Schlesiens Grenzen hinaus kulinarische Begriffe.

Gurke schälen, in Würfel schneiden. Aus Butter und Mehl eine dunkle Einbrenne bereiten und mit $\frac{1}{2}$ l Wasser oder Brühe ablöschen. Gurkenwürfel zufügen und garen. Mit den übrigen Zutaten süß-säuerlich abschmecken. Die Gurkensauce passt zu gekochtem Rindfleisch.

Pause bei der Gurkenernte.

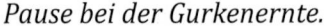

Fleisch- und Fischgerichte sowie Saucen

Kümmelsauce

2 EL Kümmel • 1 EL Zwiebelwürfel
40 g Butter
40 g Mehl • Salz

Kümmel ist des Schlesiers Lieblingsgewürz. Er nimmt ihn nicht nur mit Quark, Bratkartoffeln und Schweinebraten, um nur einige wenige Anwendungsbereiche zu nennen, zu sich, sondern „kümmelt" auch gern einen in Form von Kümmelschnaps. – Hier soll jedoch von der soliden Kümmelsauce die Rede sein, die gut zu gekochtem Hammel- und Schweinefleisch passt.

Den Kümmel in $^{1}/_{4}$ l Wasser 15 Minuten kochen. Zwiebelwürfel in der Butter glasig dünsten, Mehl zufügen und mit dem Kümmelwasser und $^{1}/_{2}$ l Wasser oder Brühe ablöschen. Mit Salz abschmecken.

Meerrettichsauce
(Krensauce)

40 g Butter • 40 g Mehl
¼ l Brühe • ¼ l Milch
1 Meerrettichwurzel (mittelgroß)
Zitronensaft
Salz • Zucker

Trotz aller Vorliebe für süße Sachen fühlt sich der Schlesier dem scharfen Meerrettich sehr verbunden. Gerieben und vermischt mit wenig Schlagsahne darf er am Heiligen Abend neben dem angerichteten Karpfen nicht fehlen. Die Krensauce passt auch gut zu gekochtem Rindfleisch.

Aus Butter und Mehl eine helle Einbrenne bereiten. Mit $^{1}/_{4}$ l Brühe und $^{1}/_{4}$ l Milch aufgießen. Meerrettichwurzel gründlich reinigen (am besten bürsten), abschaben, reiben und mit Zitronensaft beträufeln. Der Einbrenne zufügen, nicht mehr kochen lassen. Mit Salz und Zucker abschmecken.

Braune Sauce

(auch Polnische Sauce genannt)

5 Gewürzprinten und ¼ l Malzbier
(oder 50 g Fischpfefferkuchen und 2 EL Essig)
1 große Zwiebel • Wurzelzeug (Suppengemüse: 1 Stange Porree
1 Mohrrübe • 1 Petersilienwurzel • 1 Stück Sellerie)
30 g Butter • ½ l Malzbier • 20 g Mehl • Salz
Zucker • Essig • Zitronensaft

Diese Sauce ist eine Variante der „Weihnachtssauce" (Seite 69). Gewürz-printen zerbröckeln, mit etwa ¼ l Malzbier begießen, bis sie bedeckt sind und einige Zeit stehen lassen. (Ein Tipp für Eilige: Da Printen meist sehr hart sind, empfiehlt es sich, sie vor Verwendung ein paar Tage im kühlen Raum offen liegen zu lassen, damit sie weich werden. Sie zergehen dann schneller im Bier). Bei Verwendung von Fischpfefferkuchen diesen reiben und mit 2 Esslöffeln Essig anrühren. Zwiebel in Scheiben, das geputzte Wurzelzeug in Würfel schneiden und in 20 g Butter andünsten. Knapp ½ l Malzbier zugießen und aufkochen lassen. Das Mehl mit dem Rest Bier an-rühren und mit den eingeweichten Printen oder dem Fischpfefferkuchen zur Sauce geben. Unter häufigem Umrühren 10 bis 15 Minuten kochen. Durch ein Sieb streichen, mit Zucker, Salz, Essig und Zitronensaft abschme-cken und 10 g frische Butter dazugeben. – Diese Sauce wird hauptsächlich zum Weihnachtskarpfen gegessen, aber auch zu Weißwürstchen am Heili-gen Abend oder Silvester. Auch in der Braunen Sauce gedünstetes Fischfilet schmeckt ausgezeichnet und ist schnell bereitet. Als Beilage eignen sich Salzkartoffeln oder Kartoffelbrei.

Der Begriff „Fischpfefferkuchen" wird vielen Nichtschlesiern fremd sein. Es ist eine Spezialart von Pfefferkuchen, ungewürzt und feinporig. Seine feste Konsistenz macht ihn besonders geeignet für die Verwendung in der Küche. Seinen Namen soll er der Braunen Sauce verdanken, die zum Fisch geges-sen wird.

Weihnachtssauce mit Bratwürstchen

Wurzelzeug (Suppengemüse: 2 Petersilienwurzeln oder 1 Stück Sellerie,
1 Stange Porree, 1 Mohrrübe)
1 Zwiebel
4–5 Gewürzprinten und ¼ l Malzbier
(oder 50 g Fischpfefferkuchen und 2 EL Essig)
Salz
Essig
10 g Butter
4 geräucherte Bratwürste

Das Suppengemüse, in Schlesien Wurzelzeug genannt, putzen und klein schneiden. Die Zwiebel in Würfel schneiden und alles in ¼ l Wasser weich kochen. Inzwischen die Printen zerbröckeln, so viel Malzbier darübergießen, dass sie bedeckt sind und einige Zeit stehen lassen. (Ein Tipp für Eilige: Da Printen meist sehr hart sind, empfiehlt es sich, sie vor Verwendung ein paar Tage im kühlen Raum offen liegen zu lassen, damit sie weich werden. Sie zergehen dann schneller im Bier). Bei Verwendung von Fischpfefferkuchen diesen reiben, mit 2 Esslöffeln Essig anrühren. Die Gemüsebrühe durch ein Sieb streichen, die eingeweichten Printen oder den Fischpfefferkuchen in die Brühe geben, unter Rühren nochmals aufkochen lassen, mit Salz und Essig abschmecken und die Butter dazugeben. Die Bratwürste etwa 10 Minuten im Wasser kochen, in die Sauce legen und mehrmals mit der Gabel hinein stechen. Das verbessert den Geschmack der Sauce. Ist sie zu dick, noch etwas Bier angießen. – Abwandlung für unbekümmerte Genießer: Das Wurzelzeug mit ½ Pfund geräuchertem Bauchfleisch kochen.

Gestarn no gesund und munter, und heute schmeck's schun wieder.

Frau in schlesischer Riesengebirgstracht.

Braune Specksauce

60 g Räucherspeck
1 Zwiebel
40 g Mehl
Salz
Essig

Diese Sauce ist eine beliebte Beigabe zu Klößen aller Art und erspart unter Umständen eine kostspielige Fleischbeilage. Ein empfehlenswertes Gericht also für die letzten Tage vor Ultimo!

Speck und Zwiebel in Würfel schneiden und hellbraun braten. Mit dem Schaumlöffel aus dem Fett heben. Mehl in das heiße Fett geben, braun rösten und mit $^1/_4$ l Wasser oder Brühe auffüllen, 15 Minuten kochen. Mit Salz und Essig abschmecken. Speck- und Zwiebelwürfel in die fertige Sauce geben.

Rosinensauce

30 g Rosinen • 20 g Mandeln
40 g Butter • 40 g Mehl
Salz • Zucker
Zitronensaft oder Essig

Süße Saucen zu Fleisch und Fisch gehören zu den typisch schlesischen Essgewohnheiten. Wie die Braune oder Polnische Sauce den Weihnachtskarpfen oder die Weißwurst vollendet, so ist die Rosinensauce beliebt zur Rinderzunge oder gekochtem Rindfleisch.

Rosinen waschen, in $^1/_4$ l Wasser bei schwacher Hitze ausquellen lassen. Mandeln brühen, abziehen und in Stifte schneiden. Aus Butter und Mehl eine dunkle Einbrenne bereiten, mit $^1/_2$ l Wasser oder Brühe und dem Kochwasser der Rosinen ablöschen, 20 bis 30 Minuten kochen. Mit Salz, Zucker, Zitronensaft oder Essig abschmecken und Rosinen und Mandelstifte dazugeben.

Häckerle

2 Eier • 4 Salzheringe • 1 Apfel • 1 Zwiebel • 125 g Räucherspeck
2 EL saure Sahne (oder 2 EL Essig und 2 EL Öl) • Senf

„Häckerle" gehört zu Schlesien, wie die Weißwurst zu München! „Häckerle" kommt von hacken, klein hacken. Der Name ist so schlesisch wie das Gericht selbst.

Eier hart kochen. Die gewässerten Heringe gründlich säubern und das Fleisch von den Gräten ablösen. Den Apfel schälen und entkernen. Hering, Apfel, Räucherspeck und hart gekochte Eier in kleine Würfel schneiden oder durch die Fleischmaschine drehen. Die Masse mit der sauren Sahne oder Essig und Öl gut vermischen, mit Senf abschmecken. – „Häckerle" kann als Brotaufstrich verwendet werden oder ist, mit dampfenden Pellkartoffeln zu Tisch gebracht, ein beliebtes Abendessen, das Geldbeutel und Magen zudem nicht sonderlich belastet. Ernährungsphysiologisch gesehen ist der Hering ein wertvolles Tier: er hat einen hohen Gehalt an Vitamin A und Mineralstoffen.

Auch in der Gegend von Bienau betrieb man Fischfang.

Heringskartoffeln

1 kg Pellkartoffeln • 2 Heringe • 40 g Butter
1 Zwiebel • 40 g Mehl
evtl. etwas Milch oder Sahne
100 g gekochter Schinken
2 EL geriebener Käse • 30 g Butter

Das ist wieder ein ökonomisches Gericht, mit dem die schlesische Hausfrau die Haushaltsgeldflaute am Ende des Monats geschickt zu überbrücken weiß.

Gekochte Kartoffeln schälen, in Scheiben schneiden. Die gewässerten Heringe abziehen, entgräten und in Würfel schneiden. Aus Butter, Zwiebelwürfel und Mehl eine helle Einbrenne bereiten, mit Wasser und eventuell etwas Milch oder Sahne auffüllen und den in Würfel geschnittenen Schinken zufügen. – Kartoffeln und Heringe abwechselnd in eine gebutterte Auflaufform schichten, Sauce darüber gießen, mit geriebenem Käse bestreuen und mit Butterflöckchen belegen. Im Backrohr 20 bis 30 Minuten überbacken. – Dazu: grüner Salat.

Mutter Tillern
Die Mutter Tillern, Inhaberin einer Parterrewohnung auf der Glatzer Böhmischen Straße, sieht schlecht und hört schwer. Sie ist am offenen Fenster mit dem Ausnehmen eines Herings beschäftigt. Ein Bekannter bleibt am Fenster stehen, und es kommt zu einem kurzen Gespräch:
Er: „Guda Marja, Mutter Tillern!"
Sie: „Ju, ju, änn Haarich."
Er (lauter): „Mutter Tillern! Ich hoa euch änn guda Marja gewenscht!"
Sie: „Ju, ju, änn Biema!"
Er (schreit): „Och, doo sucht mich doch sostewuu!" (geht ab)
Sie (ruft ihm nach): „Ju, ju! Doas ies heute noch doas Bellichste, woas ma hoan koan!"
Albrecht Baehr (1917)

Karpfen blau

Die Süßwasserfische in Deutschland wurden fast zur Hälfte in Schlesien aufgezogen. In den Teichen im Sulauer und Trachenberger Niederungsgelände, in den berühmten Militscher Karpfenteichen, in der Umgebung von Liegnitz und in der Lausitzer Heide tummelten sich Tausende von Fischen. Es ist daher nicht verwunderlich, wenn ein Fisch, nämlich der Karpfen, unter den schlesischen Spezialitäten mit an erster Stelle steht. Das mag sich aus einer echten wirtschaftlichen Notwendigkeit ergeben haben und bürgerte sich als liebgewordene Gewohnheit und Krone des festlichen Heiligabendessens in vielen Familien ein. Sogar in Hamburg fand man „schlesischen Karpfen" auf der Speisekarte.

1 Karpfen von 1 ½ – 2 kg

Salz

Essig

Die Zubereitung von Karpfen blau kann auf verschiedene Weise erfolgen. Während man ihn früher ganz mit Wasser bedeckt garte, dünsten oder dämpfen wir ihn heute nur, um möglichst viele seiner wertvollen Nährstoffe zu erhalten. Einen flachen, breiten Topf etwa 1 cm hoch mit Wasser füllen, Salz zugeben und aufkochen. Den vorbereiteten, nicht geschuppten Karpfen in das Wasser stellen, so als wenn er schwimmt. Das erreicht man am besten, indem man zwischen die aufgeschnittenen Bauchlappen ein großes Stück rohe Kartoffel schiebt, die ein Umfallen verhindert. Sofort nach dem Einsetzen in die kochende Flüssigkeit den Fisch mit heißem Essig übergießen. Dadurch wird die Blaufärbung besonders intensiv. Zudecken und etwa 20 Minuten dünsten. Der Karpfen ist gar, wenn sich die Flossen leicht herausziehen lassen. (Man kann ihn auch – mit wenig heißem Essig übergossen – auf einer Porzellanplatte im Backrohr garen. Er braucht dazu nicht mehr als 20 bis 25 Minuten).

Freda über Freda

O Freda über Freda!
Ihr Nuppern kommt und hiert,
woas mir doch auf der Heda
für'n Wunder is possiert!

Es koam e weeßa Engel
bei hucher Mitternacht,
das siung mir a Gesängel,
doaß mir doas Herze lacht.

A soate: "Freet euch olle,
der Heiland is gebor'n
zu Bethlehem eim Stolle,
dan hoat er sich erkor'n.

Die Krippe is sei Bette,
geht hin uf Bethlehem!"
Un wie er a su red'te,
do flug a wieder heem.

Volkstümliches Weihnachtslied

Schloss Militsch

Triftiger Grund

In jenen Kriegsjahren, da selbst in den schlesischen Dörfern die Lebensmittel schon knapp wurden, suchten die Kinder ihrer beliebten Lehrerin mit allerlei kleinen Aufmerksamkeiten zu helfen. Mal brachte eins Obst, mal ein anderes paar Eier, mal wieder ein drittes etwas vom Schlachtfest. Klee-Maxel, der Häuslerssohn, war ganz betrübt, dass es bei ihm zu Hause nicht ganz reichte und Schmalhans schon öfter Küchenmeister war.

„Fräulein", so flüsterte er nach Schulschluss von einem Mal zum andern, „possen Se uff – murne, do breng ich fer Sie a Kerbel Kerschen mite!" – Das Fräulein passte Tag für Tag auf, aber die versprochenen Kirschen kamen nicht. Natürlich erinnerte oder ermahnte es nicht; doch schien Klee-Maxel selbst die Sache zu dumm zu werden. Denn als er sich wieder nach dem Unterricht verabschiedete, stürzten plötzlich die Tränen aus seinen treuherzigen wasserblauen Augen, und er sagte nur trübetimplich: „Och, Freele, der Nupper, der poßt ju immer asu ticksch uff!"

Alfons Hayduk

Blattsalat

1 – 2 Kopf Salat • 30 g Speck
Essig • Salz • Zucker

Schon oft sah ich Nichtschlesier sich schütteln bei der Vorstellung, mit grünem Salat ausgebratenen Speck zu essen. Wir haben dafür nur ein mitleidiges Lächeln übrig, denn wir wissen schließlich, was gut schmeckt!

Salat verlesen und waschen. Speck in Würfel schneiden, hellbraun ausbraten. Essig mit Salz und Zucker verrühren, über den vorbereiteten Salat gießen, die abgekühlten Speckwürfel zufügen und alles gut vermischen.

Rapunzelsalat
(Feldsalat oder auch Nissel genannt)

200 g Rapunzel • Öl • Essig oder Zitronensaft
Salz • Zucker • evtl. 1 Knoblauchzehe

Rapunzel sorgfältig verlesen, Wurzeln abschneiden und dreimal waschen. Gut abtropfen lassen, mit Öl, Essig (oder Zitronensaft), Salz und Zucker gut vermischen. Wenn Sie die Salatschüssel vorher mit einer Knoblauchzehe ausreiben, bekommt der Salat einen besonders pikanten Geschmack.

Salat von sauren Gurken

2 saure Gurken • Essig • Öl • Zucker • 1 TL Zwiebelwürfel

Die Gurken in feine Scheiben schneiden und mit den Zutaten vermischen. – 250 g Fleischwurst, am besten Knoblauchwurst, abgepellt und in Scheiben geschnitten beigemischt, gibt ebenfalls einen sehr schmackhaften, aber natürlich kalorienreicheren Salat. Sehr geeignet zum Abendessen mit Brot und Tee.

Rote-Rüben-Salat

1 kg rote Rüben
Salz • Essig • Zucker • Kümmel
1 Lorbeerblatt
evtl. 1 EL Meerrettichwürfel

Die Rüben sauber bürsten und in kochendem Salzwasser weich kochen. Abgießen, zum Abkühlen in kaltes Wasser legen, schälen und hobeln oder in feine Scheiben schneiden. $^1/_4$ l Wasser mit Essig, Salz, Zucker, Kümmel und Lorbeerblatt aufkochen. Über die Rüben gießen und gut durchziehen lassen. Eventuell Meerrettichwürfel daruntermischen.

Bohnensalat

500 g grüne Bohnen • Salz • Pfeffer
1 Zwiebel • Essig • Öl • Kräuter

Grüne Bohnen putzen, waschen, klein schneiden und garen. Aus Salz, Pfeffer, der gehackten Zwiebel, Essig, Öl und gehackten Kräutern eine pikant abgeschmeckte Sauce bereiten. Die Bohnen hineingeben und etwa 1 Stunde durchziehen lassen. – Bohnensalat ist eine beliebte Beigabe zu Fleischgerichten mit Kartoffeln, aber auch zu Fisch- und Eierspeisen.

Gurkensalat

1 – 2 Gurken • $^1/_8$ l saure Sahne oder Joghurt
Essig oder Zitronensaft • 1 Zwiebel • Salz • Zucker

Gurken schälen (von dem helleren Ende beginnend zum Stielansatz), in dünne Scheiben schneiden oder hobeln. Saure Sahne oder Joghurt mit Essig oder Zitronensaft, Zwiebelwürfeln, Salz und einer Prise Zucker verrühren. Die Gurkenscheiben hineingeben und darin vermischen. – Wir können den Salat auch noch mit gehackten Kräutern bestreuen.

Diese Mühle steht in Heydau, im Kreis Freystadt.

*Der Innenhof des Schlosses in Oels, das als schönstes
Bauwerk der Renaissance in Schlesien gilt.*

Kartoffelsalat

1 kg Salatkartoffeln
1 Zwiebel
4 EL Essig
4 EL Öl
1 EL Salz
Pfeffer

Kartoffeln kochen, schälen, auskühlen lassen und in Scheiben oder Würfel schneiden. Zwiebel in Würfel schneiden, mit den übrigen Zutaten und $1/4$ l Brühe eine Marinade bereiten. Die Kartoffeln hineingeben und vorsichtig vermengen. – Da wir Schlesier alles „Schweinerne" lieben, geben wir auch an den Kartoffelsalat gern ausgebratene Speckwürfel. Dafür bleibt das Öl weg, und anstatt der Brühe kann man $1/4$ l leicht gesalzenes Wasser verwenden, damit der Salat nicht zu fett wird.

Kartoffelsalat mit Mayonnaise

1 kg Kartoffeln
1 EL Salz
Pfeffer
4 EL Essig
75 g Mayonnaise
evtl. Senf

Die Kartoffeln kochen, schälen, auskühlen lassen und in Scheiben schneiden. Aus Salz, Pfeffer, Essig und $1/4$ l Brühe eine Marinade bereiten. Die Kartoffeln hineingeben und durchziehen lassen. Mayonnaise eventuell mit Senf abschmecken und mit dem Salat vermischen.

Blaukraut
(Rotkohl)

1 kg Blaukraut (Rotkohl) • 200 g Äpfel • 1 Zwiebel
1 EL Salz • 2 EL Zucker • 4 EL Essig • 50 g Schweinefett
5 Gewürzkörner • 1 kleines Lorbeerblatt (oder 4 Nelken)
2 EL Stärkemehl (oder 2 Kartoffeln)

In unserer Familie gibt es ein seit Generationen vererbtes Blaukrautrezept. Jede Mutter gab es an ihre Töchter weiter, und so lebt es noch heute fort. Die Grundregel: Es gehören außer Fett und Bindemittel sieben Sachen ins Blaukraut, und beim Zubereiten wird immer wieder schnell gezählt, ob auch keine Zutat vergessen wurde.

Blaukraut putzen, den Strunk abschneiden, hobeln oder in Streifen schneiden. Äpfel schälen, Kerngehäuse entfernen, in dünne Scheiben schneiden, Zwiebel in Würfel schneiden. Das Blaukraut mit Salz, Zucker und Essig in einer Schüssel mischen. Fett zerlassen, Zwiebelwürfel darin glasig dünsten, Blaukraut zufügen und mit Gewürzkörnern und Lorbeerblatt oder Nelken, den Äpfeln und wenig Flüssigkeit auf kleiner Flamme gar dünsten. Mit angerührtem Stärkemehl oder rohen, geriebenen Kartoffeln binden und abschmecken.

Selleriesalat

1–2 Sellerieknollen
Salz • 1 Zwiebel
Öl • Essig oder Zitronensaft
Zucker

Sellerieknollen sauber bürsten, in kochendes Salzwasser geben und garen. Zum Abkühlen in kaltes Wasser legen, dann schälen und in Würfel schneiden. Aus Zwiebelwürfeln, Öl, Essig oder Zitronensaft, Salz und Zucker eine Salatsauce bereiten. Die Selleriewürfel hineingeben und gut vermischen.

Erbsenbrei

750 g Erbsen
1 Speckschwarte
40 g Butter
40 g Mehl • Salz
40 g Räucherspeck
1 Zwiebel

Erbsen waschen und über Nacht einweichen. Im Einweichwasser gar kochen (möglichst mit einer Speckschwarte) und durch ein Sieb streichen. Aus Butter und Mehl eine Einbrenne bereiten, mit dem Kochwasser der Erbsen ablöschen und mit dem Erbsenbrei vermischen. Mit Salz abschmecken. Speck und Zwiebel in Würfel schneiden, anbraten und über den angerichteten Erbsenbrei geben. – Hierzu isst der Schlesier Sauerkraut und Eisbein (siehe Seite 47) oder Wellwurst (siehe Seite 62).

*Die Hohenzollernstraße in Glogau mit dem Ehrendenkmal
des 2. Niederschlesischen Feldartillerie-Regiments.*

Galuschel
(Pfifferlinge)

1 kg Galuschel (Pfifferlinge)
1 Zwiebel
60 g Butter
1 EL Mehl
Salz
evtl. süße oder saure Sahne
Petersilie

In den Sommerferien begegnete man in den Wäldern der schlesischen Mittelgebirge Scharen von wandernden Familien auf der Suche nach diesem wertvollen und schmackhaften Nahrungsmittel, das noch durch sein besonderes Aussehen die Gefahr einer Verwechslung mit einem Giftpilz nahezu ausschloss und auch aus diesem Grunde besonders gern von Amateursammlern gesucht wurde.

Pilze putzen, mehrmals waschen und besonders große Exemplare durchschneiden. Zwiebel in Würfel schneiden, in der Butter glasig dünsten. Die Pilze dazugeben, $^1/_8$ bis $^1/_4$ l Wasser angießen und 20 bis 30 Minuten zugedeckt gar dünsten. Mit Mehl bestäuben, mit Salz abschmecken, eventuell Sahne unterrühren und mit reichlich gehackter Petersilie vermischen. – Dazu Salzkartoffeln oder Semmelklößel (siehe Seite 38) reichen.

Der Magen is a bieser Gläubiger, dar will zuarscht bedient sein.
Ma soll nie mehr assa, oas ma mit Gewalt nunderkriegt.
Suppe macht Woampe, Woampe macht Oasahn, Oasahn gitt Kredit.
Assa on Trinka hält Leib on Seele beisomma.

Herrliches Wandergebiet bei Bad Kudowa: die Heuscheuer (920 m ü.M.)
vom Pionierweg aus gesehen und die Heuscheuer-Kanzel.

Die guten Gaben

Meiner Heimat gute Gaben:
Striezel, Streußelkuchen, Baben!
Schlesisch lecker, saftdurchkräuselt,
butterknusprig, duftumsäuselt –
ach, wie hat es uns geschmeckt,
Schüssel wurde ausgeleckt.
Mit den Wespen um die Wette
naschten wir vom Kuchenbrette. –
Unsre Lust war, zu stibitzen:
klebrig alle Fingerspitzen!

Auszug aus „Die guten Gaben"
von Friedrich Bischoff (1896 – 1976)

Ich beginne bei den Backrezepten mit der Weihnachtsbäckerei, denn was wäre die Adventszeit ohne Pfefferkuchenduft, der das Haus durchzieht und ohne Mutters heimliche Vorbereitungen?

Die berühmte Stabholzkirche in Wang wurde von Friedrich Wilhelm IV. 1844 von Valderstal (Südnorwegen) nach Brückenberg gebracht.

Elisenlebkuchen

5 Eier • 500 g Zucker • 80 g Orangeat • 80 g Zitronat
500 g Mandeln • 1 g Kardamom • 3 g Nelken • 3 g Zimt
abgeriebene Schale einer Zitrone • Oblaten • 250 g Puderzucker
1 – 2 Eiweiß (oder 100 g Schokolade und 2 EL Kakao)
bunter Zucker und Pistazienkerne zum Bestreuen

Dieses feine Gebäck wird ganz ohne Mehl zubereitet. Den Teig setzt man als Kugeln auf runde oder quadratisch geschnittene, nicht zu kleine Oblaten.

Die ganzen Eier mit dem Zucker schaumig rühren. Orangeat und Zitronat in feine Würfel schneiden. Mandeln in der braunen Haut durch die Mühle drehen und mit den Gewürzen und der abgeriebenen Zitronenschale der Ei-Zucker-Masse beifügen, gut verkneten. Kugeln formen, diese auf die Oblaten setzen und einige Stunden – am besten über Nacht – ruhen lassen. Bei mäßiger Hitze backen. Noch heiß mit Eiweißglasur (Puderzucker mit 2 bis 3 Esslöffeln heißem Wasser und Eiweiß glatt rühren) oder Schokoladenglasur (Puderzucker, etwas Wasser, Schokolade und Kakao vermischen und im Wasserbad auflösen) überziehen, mit buntem Zucker und gehackten Pistazienkernen bestreuen.

Pfefferkuchen

500 g Honig • 500 g Sirup (Rübenkraut)
500 g Zucker • 250 g Butter • 2 kg Mehl • 1 TL Zimt
1 Beutelchen Nelken • 10 g Pottasche • 10 g Hirschhornsalz
evtl. 50 g Mandeln und 50 g Zitronat • Zuckerguss • Schokoladenglasur

Das folgende Rezept hat sich in meiner Familie seit Generationen weiter-
vererbt, und da einer meiner Vorfahren Konditor- und Pfefferküchlermeis-
ter in Pless war, nehmen wir an, dass bei ihm der Ursprung dieses Rezeptes
zu suchen ist. – Diesen Pfefferkuchen kann man so oft essen wie Brot, er
schmeckt schon zum Frühstück, ist nicht schwer und ölig, sondern trocken
und leicht verdaulich. Es ist ein einfacher Pfefferkuchen und gerade des-
halb nichts zum „Magenverderben". Bereits am ersten Adventssonntag
mussten bei uns zu Hause die ersten Pfefferkuchen auf den Tisch kommen.
Und so ist es auch in meiner Familie geblieben. „Unsere" Pfefferkuchen backe ich alljährlich in Riesenmengen, denn je länger sie ins neue Jahr hinein-
reichen, desto besser. Das folgende Rezept von 4 Pfund Mehl backe ich
meist drei- bis viermal in einer Adventszeit und – es war noch nie zuviel!

Honig, Sirup, Zucker und Butter in einem Topf auf kleiner Flamme zergehen lassen. 1 kg Mehl in eine Schüssel geben, Zimt und Nelken untermischen. Die zerlassene, noch warme Masse in das Mehl gießen und verrühren. Dann noch so viel Mehl zugeben, wie der Teig aufnimmt (es wird
meistens noch etwa 1 kg sein). Pottasche und Hirschhornsalz getrennt in
2 Tassen mit jeweils 2 Esslöffeln lauwarmem Wasser auflösen und zugedeckt 10 Minuten stehen lassen. Vor der Zugabe zum Teig nochmals jedes
für sich umrühren, da oft auf dem Tassengrund Körnchen zurückbleiben.
Den Teig mit den beiden Treibmitteln gut verkneten, bis er glatt und glänzend ist. Der Teig kann einige Tage, soll aber wenigstens eine Nacht ruhen.
Dann etwa $1/2$ cm dick ausrollen, ausstechen und auf einem gefetteten, bemehlten Blech bei schwacher Hitze etwa 15 bis 20 Minuten backen. (Nach
Belieben die ausgestochenen Kuchen vor dem Backen mit je einer Mandel-
hälfte oder einem Zitronatstückchen belegen). Nach dem Backen einen
Teil der Kuchen mit Zuckerguss, den anderen mit Schokoladenglasur bestreichen.

Der Eichhof bei Rudelstadt.

Neißer Pfefferkuchen

100 g Zitronat
250 g Mandeln oder Nüsse
500 g Honig
500 g Zucker
1 ½ kg Mehl
½ Päckchen Zimt
½ Päckchen Nelken
1 TL Kardamom
2 Eier
15 g Pottasche
Zuckerguss von 250 g Puderzucker
(oder Schokoladenglasur)

Unsere geliebten „Neißer" können wir auch in der neuen Heimat fertig kaufen, da einige Neißer Konditoren sie hier weiter backen. Wer die „Neißer" selbst backen will, verfahre folgendermaßen:

Zitronat in kleine Würfel schneiden und Mandeln mit der Schale durch die Mühle drehen, bzw. Nüsse fein hacken. Honig und Zucker in einem Topf auf kleiner Flamme zergehen lassen. 750 g Mehl in eine Schüssel geben. Zimt, Nelken, Kardamom, Eier, Zitronat und Mandeln bzw. Nüsse untermischen und die zerlassene, noch warme Honigmasse in das Mehl gießen und verrühren. Dann so viel Mehl zugeben, wie der Teig aufnimmt (es werden meistens noch etwa 750 g sein). Pottasche in einer Tasse mit 3 Esslöffeln lauwarmem Wasser auflösen und zugedeckt 10 Minuten stehen lassen. Vor der Zugabe zum Teig nochmals umrühren, da oft auf dem Tassengrund Körnchen zurückbleiben. Den Teig mit dem Treibmittel gut verkneten, bis er glatt und glänzend ist. Dann etwa ½ cm dick ausrollen, mit verschiedenen Formen ausstechen und auf gefettetem, bemehltem Blech bei schwacher Hitze backen. Nach dem Backen mit Zuckerguss oder Schokoladenglasur überziehen.

Liegnitzer Bomben

200 g Honig • 75 g Butter • 150 g Zucker • 3 Eier
5 g Zimt • 5 g Nelken • 1 Prise Pfeffer • 300 g Mehl
50 g Zitronat • 40 g Kakao • 75 g Korinthen • 10 g Pottasche
2 EL Rosenwasser • 250 g Puderzucker • 100 g Schokolade

Honig und Butter in einem Topf auf kleiner Flamme zergehen lassen. Zucker und Eier schaumig rühren, die abgekühlte Honig-Butter-Masse zufügen. Zimt, Nelken und Pfeffer hineingeben, gesiebtes Mehl und in Würfel geschnittenes Zitronat mit der Masse vermischen. 30 g Kakao einrühren und gewaschene Korinthen zufügen. Die Pottasche in Rosenwasser auflösen und zuletzt unter den Teig kneten. Etwa 6 cm hohe Schwarzblechringe mit 7 bis 8 cm Durchmesser an der unteren Seite mit Pergamentpapier abschließen, so dass ein Boden entsteht. Die Förmchen einfetten, auf ein Blech stellen, $^3/_4$ voll mit Teig füllen und bei schwacher Hitze etwa 30 Minuten backen. Die Bomben noch heiß stürzen, Pergamentpapier abziehen und mit Schokoladenglasur (Puderzucker, etwas Wasser, Schokolade und 10 g Kakao vermischen und im Wasserbad auflösen) überziehen. – Aus diesem Teig können wir auch nur eine große Bombe backen.

Das Liegnitzer Café Hauptwache.

Rehrücken

200 g Mandeln • 150 g Butter
150 g Zucker • 6 Eier
250 g geriebene Schokolade • 30 g Mehl
1 TL Backpulver • Semmelbrösel
250 g Puderzucker • 2 EL Kakao

Dieser klassische Kuchen ist vielleicht nicht eigentlich als schlesische Spezialität anzusprechen, aber er erfreut sich unter uns Landsleuten großer Beliebtheit und gehörte zum unumstößlichen Programm jedes schlesischen Koch- bzw. Backunterrichts. Der Rehrücken ist infolge seiner üppigen Zutaten ein sehr kalorienreiches Gebäck und daher mit Vorsicht und in Maßen zu genießen.

Zunächst 150 g Mandeln mit der braunen Haut hacken. Butter mit Zucker und Eigelb schaumig rühren. Gehackte Mandeln, 150 g geriebene Schokolade, Mehl und Backpulver zugeben. Eiweiß zu Schnee schlagen und unterziehen. Eine Rehrückenform ausfetten, mit Semmelbröseln bestreuen, Teig einfüllen und etwa 1 Stunde bei Mittelhitze backen. Wenige Minuten nach dem Herausnehmen aus dem Ofen stürzen. Noch heiß mit Schokoladenglasur (Puderzucker, etwas Wasser, 100 g geriebene Schokolade und Kakao vermischen und im Wasserbad auflösen) überziehen und mit 50 g abgezogenen, in Stifte geschnittenen Mandeln spicken.

Anisplätzchen

4 Eier • 250 g Zucker • 250 g Mehl • 1 TL Anis

Ganze Eier und Zucker schaumig rühren, Mehl und Anis zugeben. Mit einem Spritzbeutel oder 2 Teelöffeln auf ein gefettetes Blech kleine Plätzchen setzen. Diese – am besten über Nacht – trocknen lassen. Bei schwacher Hitze (die Unterhitze soll möglichst etwas stärker sein) hell backen. – Man kann Anisplätzchen auch auf kleine, runde Oblaten setzen.

Striezel
(Christstollen)

50 g Hefe
¼ l Milch
500 g Mehl
100 g Butter • 100 g Zucker
1 Ei
Salz • 100 g Mandeln
100 g Sultaninen
50 g Zitronat • 50 g Orangeat

Zum Bestreichen
2 EL zerlassene Butter

Zum Bestreuen
Puderzucker
2 EL gemahlene Mandeln oder Nüsse

Der bekannteste Stollen stammt zweifellos aus Dresden. Da diese schöne Stadt aber nicht weit von unserer schlesischen Heimat entfernt liegt, ist auch hier der Stollen, bei uns Striezel genannt, vornehmlich in der Weihnachtszeit gebacken worden.

Die Hefe mit 3 Esslöffeln lauwarmer Milch in einer Tasse auflösen. Aus Mehl, der zerlassenen Butter, Zucker, Ei, einer Prise Salz, der restlichen lauwarmen Milch und der aufgelösten Hefe einen Teig bereiten, dem zuletzt die abgezogenen, gehackten Mandeln, die gewaschenen Sultaninen und das in Würfel geschnittene Zitronat und Orangeat zugefügt werden. Den Teig mit bemehlten Händen sehr gut kneten, mit einem Tuch zudecken und gehen lassen. Aus dem aufgegangenen Teig 1 oder 2 Laibe formen, diese flach drücken und einen Längsteil überschlagen, wodurch die bekannte Stollenform entsteht. Auf ein gefettetes, bemehltes Blech legen und nochmals gehen lassen. Dann mit zerlassener Butter bestreichen, bei Mittelhitze 1 bis 1 ½ Stunden backen. Nochmals mit flüssiger Butter bestreichen und mit Puderzucker und den gemahlenen Mandeln oder Nüssen bestreuen.

Mohnstriezel

Hefeteig
30 – 40 g Hefe
knapp ¼ l Milch
500 g Mehl • 60 g Butter
60 g Zucker
abgeriebene Zitronenschale
1 Ei • Salz

Mohnfüllung
250 g fein gemahlener Mohn
¼ l Milch
40 g Butter
25 g Mandeln • 200 g Zucker
60 g Sultaninen
1 Ei • Zimt
evtl. Semmelbrösel
3 EL Butter • Puderzucker

Die Hefe mit 3 Esslöffeln lauwarmer Milch in einer Tasse auflösen. Aus Mehl, der zerlassenen Butter, Zucker, abgeriebener Zitronenschale, Ei, einer Prise Salz, der restlichen lauwarmen Milch und der aufgelösten Hefe einen Teig bereiten. Mit einem Tuch zudecken und an einem warmen Ort aufgehen lassen. – Die Mohnfüllung bereiten: Den Mohn mit kochendheißer Milch übergießen, die zerlassene Butter, die abgezogenen, gehackten Mandeln, Zucker, Sultaninen, Ei und Zimt zugeben (sollte die Masse zu weich sein, etwas Semmelbrösel beimischen). – Den aufgegangenen Hefeteig zu einem Rechteck etwa 1 cm dick ausrollen, und die erkaltete Mohnmasse nicht ganz bis zum Rand auf den Hefeteig streichen. Das Ganze zusammenrollen. Den Striezel mit der Naht nach unten auf ein gefettetes Blech legen, nochmals zugedeckt gehen lassen, mit flüssiger Butter bestreichen und bei Mittelhitze etwa 1 Stunde backen. Dann nochmals mit zerlassener Butter bestreichen und mit Puderzucker bestreuen. (Mohnstriezel kann auch – mit der Naht nach unten – in einer gefetteten Kastenform gebacken werden).

Warmbrunner Gebäck

100 g Butter
150 g Zucker
3 Eier
350 g Mehl
5 g Backpulver (oder eine knappe Msp. Hirschhornsalz)

*B*utter, Zucker und 2 Eier schaumig rühren. Mehl und Treibmittel zugeben, Teig ausrollen und verschiedene kleine Formen, wie Brezeln, Semmeln, Hörnchen und Schnecken legen (bei uns in Schlesien gab es diese Förmchen zu kaufen, die, gut gefettet, mit dem Teig gefüllt wurden). Mit einem verquirlten Ei oder Eigelb bestreichen, auf ein gefettetes, bemehltes Blech legen und bei schwacher Mittelhitze hellbraun backen.

Albendorf am Fuße des Heuscheuergebirges, der berühmteste Wallfahrtsort Schlesiens.

Einback

30 g Hefe • ⅛–¼ l Milch • 500 g Mehl • 75 g Butter
40 g Zucker • 1 Ei • Salz • Semmelbrösel

Einback war in Schlesien ein sehr beliebtes Gebäck. Es ist etwas mehr als eine Semmel und etwas weniger als ein Stück Kuchen. Während der Zwieback knusprig und krachend ist, muss Einback weich und geschmeidig sein. Er eignet sich zum Eintunken in den Kaffee, was nicht nur Oma und Opa ihrer alten Zähne wegen gern tun, sondern auch bei den übrigen Familienmitgliedern eine verbreitete (Un-?)Sitte ist.

Die Hefe mit 3 Esslöffeln lauwarmer Milch in einer Tasse auflösen. Aus Mehl, der zerlassenen Butter, Zucker, Ei, einer Prise Salz, der restlichen lauwarmen Milch und der aufgelösten Hefe einen Teig bereiten. Mit einem Tuch zudecken und an einem warmen Ort aufgehen lassen. Eine Rehrücken- oder Kastenform mit Fett ausstreichen, mit Semmelbrösel ausstreichen, den Teig einfüllen und nochmals zugedeckt gehen lassen. Bei Mittelhitze 15 bis 20 Minuten backen.

Striegauer Granit

Die Breslauer Vorstadtbäcker backten aus Kuchenresten und altbackenen Semmeln eine reichlich überzuckerte Art Kranzkuchen, „Warschauer" genannt. Es war der billigste Kuchen, der sich besonders bei der Schuljugend besonderer Beliebtheit erfreute, denn schon für einen Zwepper – eine Zweipfennigmünze – konnte man ein ansehnliches Stück „Warschauer" erstehen.
„Hau amal feste nei!" ermunterte ich meinen Freund, den Kahlert-Jorg. Jorg ließ sich nicht zweimal sagen, er nahm die ganze Gusche voll. Das bekam aber seinem letzten Milchzahn in keiner Weise. Jorg spuckte ihn in weitem Bogen mit dem allzu harten Backwerk aus. Dann gab er mir großzügig den Rest zurück und flunschte mit verächtlicher Grimasse: „Warschauer? – nee, nee, Striegauer Granit is doas!"
Alfons Hayduk

Schneebälle

⅛ l Milch • 60 g Butter • Salz • 150 g Stärkemehl • 3 Eier • Backfett
Gelee für die Füllung • Puderzucker zum Bestreuen

Dieses aus Brandteig zubereitete Gebäck kommt in seiner Beliebtheit nahe an unsere Pfannkuchen (siehe Seite 41) heran, die an Silvester und in der Faschingszeit nicht fehlen dürfen.

Milch, Butter und Salz aufkochen. Stärkemehl mit ⅛ l kaltem Wasser anrühren, zur kochendheißen Flüssigkeit geben und auf der Kochstelle unter Rühren zum Kloß abbrennen, der sich vom Topf und Löffel lösen muss. Vom Feuer nehmen und sofort ein Eigelb und nach und nach die anderen Eigelbe zufügen und verrühren. Eiweiß steif schlagen und unterheben. Mit einem Kaffeelöffel kleine Bällchen abstechen und im heißen Fett goldbraun backen. Sie gehen stark auf. Zum Abtropfen auf einen Durchschlag legen. Mit einem spitzen Messer in jeden Schneeball eine kleine Öffnung stechen und durch diese etwas Gelee in den Hohlraum füllen. Jeden Schneeball dick mit Puderzucker bestreuen. – Ungefüllt sind diese Bällchen auch eine delikate Beilage zu Braten und feinen Gemüsen.

Das Zollamt Oberwüstegiersdorf.

Napfkuchen
(auch Babe genannt)

30 – 40 g Hefe • ¼ l Milch
500 g Mehl • 100 g Butter
150 g Zucker • 2 Eier • Salz • 50 g Mandeln
100 g Rosinen • Semmelbrösel • Puderzucker

Wenn sich schlesische Kinder mit Vorliebe das Wort Babe oder Mon-Babe – nicht gerade als Kompliment gemeint – an den Kopf werfen, so zeigt das den zweifachen Wert der Babe an. Hier Spottwort, dort hochgeschätzter Festtagskuchen. – Schon das Kleinkind backte im Sandkasten seine Baben, verzierte sie mit Steinchen-Rosinen und überstreute sie mit Feinsand-Zucker.

Und so backen wir eine richtige Babe: Zunächst, es gehört eine sogenannte Guglhupfform dazu. – Die Hefe mit 3 Esslöffeln lauwarmer Milch in einer Tasse auflösen. Aus Mehl, der zerlassenen Butter, Zucker, den Eiern, einer Prise Salz, der restlichen lauwarmen Milch und der aufgelösten Hefe einen Teig bereiten, zuletzt die abgezogenen, gehackten Mandeln und die gewaschenen Rosinen zufügen. Zugedeckt an einem warmen Ort gehen lassen. In die mit Fett ausgestrichene und mit Semmelbrösel bestreute Form geben, nochmals aufgehen lassen und bei Mittelhitze backen. Noch warm stürzen, mit Puderzucker bestreuen.

Käsestangen

100 g Mehl • 100 g Reibkäse (Schweizer oder Parmesan)
100 g Butter • 1 Eigelb zum Bestreichen

Mehl sieben, mit dem Käse vermischen. Butter in Flocken dazugeben und alles verkneten. Den Teig etwas ruhen lassen und ihn dann messerrückendick ausrollen. Gleichmäßige schmale Streifchen rädeln, mit Eigelb bestreichen und auf ein gefettetes und mit etwas Mehl bestreutes Blech legen. Bei schwacher Mittelhitze hellgelb backen. – Schmeckt sehr gut zu Wein, Bowle oder Tee.

Kümmelstangen

20 g Hefe
2 – 3 EL Milch
250 g Mehl
125 g Butter
½ TL Salz
Ei zum Bestreichen
Kümmel

Die Hefe mit der lauwarmen Milch in einer Tasse auflösen. Aus Mehl, der zerlassenen Butter, Salz und der aufgelösten Hefe einen Teig bereiten, zugedeckt an einem warmen Ort gehen lassen. Dünne Rollen von etwa 10 cm Länge formen. Mit Ei bestreichen, mit Kümmel bestreuen, auf ein gefettetes und mit etwas Mehl bestreutes Blech legen und nochmals aufgehen lassen. Bei Mittelhitze 10 Minuten hellbraun backen.

Im Strandbad von Wansen ließen sich herrliche Sand-Baben backen.

Käsekuchen

Hefeteig
50 g Hefe
¼ l Milch
750 g Mehl
175 g Butter
125 g Zucker
1 Päckchen Vanillezucker
2 Eier
Salz

Käsemasse
175 g Butter
250 g Zucker
6 Eier
2 ½ kg Weißkäse (Quark)
1 Päckchen Vanillepuddingpulver
125 g Rosinen

Im Reigen der schlesischen Lieblingskuchen darf ein Käse-Blechkuchen keineswegs fehlen. Er ist nicht so anspruchsvoll wie eine feine Käsetorte, dafür aber – und das ist wichtig – kann man wesentlich größere Portionen davon vertragen.

Hefeteig: Die Hefe mit 3 Esslöffeln lauwarmer Milch in einer Tasse auflösen. Aus Mehl, 125 g zerlassener Butter, Zucker, Vanillezucker, Eiern, einer Prise Salz, der restlichen lauwarmen Milch und der aufgelösten Hefe einen Teig bereiten. Mit einem Tuch zudecken und an einem warmen Ort aufgehen lassen. Ein Kuchenblech mit Fett ausstreichen, mit Mehl bestreuen, den Teig aufstreichen und nochmals zugedeckt gehen lassen. Den Rest Butter zerlassen und den Teig damit bestreichen. Mehrmals mit einer Gabel einstechen. – Käsemasse: Butter, Zucker und Eigelbe schaumig rühren. Quark durch ein Sieb streichen und dazugeben. Puddingpulver zufügen. Das Eiweiß zu Schnee schlagen, die gewaschenen Rosinen zufügen und unter die Käsemasse heben. Auf den Hefeteig streichen und bei Mittelhitze backen.

Käsetaschen

Hefeteig
30 – 40 g Hefe
⅛ – ¼ l Milch
500 g Mehl
60 g Butter
60 g Zucker
1 Ei
Salz

Käsefüllung
250 g Weißkäse (Quark)
60 g Zucker
1 Ei
60 g Sultaninen

Zum Bestreichen
125 g Puderzucker

Die Hefe mit 3 Esslöffeln lauwarmer Milch in einer Tasse auflösen. Aus Mehl, zerlassener Butter, Zucker, Ei, einer Prise Salz, der restlichen lauwarmen Milch und der aufgelösten Hefe einen Teig bereiten. Mit einem Tuch zudecken und an einem warmen Ort aufgehen lassen. – Den aufgegangenen Hefeteig 1 bis 1 ½ cm dick ausrollen, Quadrate schneiden. Alle Zutaten zur Käsefüllung gut vermischen, anteilmäßig in die Mitte der Quadrate verteilen. Alle vier Ecken zur Mitte hin einschlagen und festdrücken. Nochmals zugedeckt gehen lassen. Bei Mittelhitze etwa 15 Minuten backen, noch heiß mit Zuckerguss (Puderzucker mit 3 Esslöffeln Wasser verrühren) bestreichen.

Martinihörnchen

Hefeteig
30–40 g Hefe • ⅛–¼ l Milch
500 g Mehl • 135 g Butter
60 g Zucker • 1 Ei • Salz

Füllung
200 g Zucker
100 g Sultaninen
100 g Korinthen • 100 g Mandeln

Zum Bestreichen
Eigelb • 150 g Puderzucker

Vom kleinen Hörnchen bis zum ausgewachsenen Horn wurden bei uns Martinihörner feilgeboten und selbst gebacken. Sie sind schon wie ein kleiner Vorgriff auf die Weihnachtsherrlichkeiten, wenn auch vom 11. November bis zum Heiligen Abend noch gut 6 Wochen Zeit ist.

*W*ir bereiten einen Hefeteig: Die Hefe mit 3 Esslöffeln lauwarmer Milch in einer Tasse auflösen. Aus Mehl, 60 g zerlassener Butter, Zucker, Ei, einer Prise Salz, der restlichen lauwarmen Milch und der aufgelösten Hefe einen Teig bereiten. Mit einem Tuch zudecken und an einem warmen Ort aufgehen lassen. Den aufgegangenen Teig 1 bis 1 ½ cm dick ausrollen und so viele Quadrate daraus schneiden, wie Hörner gebacken werden sollen. Die übrige Butter zerlassen und damit bestreichen. – Füllung: Zucker, Sultaninen, Korinthen und 75 g abgezogene, gehackte Mandeln mischen und anteilsmäßig in die Mitte der ausgeschnittenen Teigquadrate verteilen. Von einer Ecke zur gegenüberliegenden aufrollen, die Spitzen nach unten biegen, so dass ein Horn entsteht. Den Rest Mandeln abziehen und halbieren und die Hörnchen damit verzieren. – Zugedeckt gehen lassen. Mit Eigelb bestreichen, bei Mittelhitze 20 bis 25 Minuten backen. Noch heiß mit Zuckerguss (Puderzucker mit 3 Esslöffeln heißem Wasser verrühren) bestreichen. – Martinihörnchen können auch mit Marmelade, die mit gehackten Mandeln oder Nüssen vermischt wird, oder mit Marzipan gefüllt werden.

Martini
Der Winter naht, Martini kommt!
Rückt her, ein warmer Herd uns frommt
und eine Gans, recht knusprig fein;
auch muss ein Martinshörnlein sein.
Der Schimmel fern im Nebel zieht ...
Frisch, Kinder, probt ein Weihnachtslied!

D. L. Kretschmer

Die „Spinnstube" in Querbach im Isergebirge.

Sträselkucha

Schläscha Kucha, Sträselkucha,
doas ihs Kucha, sapperlot,
wie's uff Herrgotts gruußer Arde
nernt nich su woas Gudes hoot!
Wär woas noch su leckerfetzig,
eim Geschmaak ooach noch su schien,
über schläscha Sträsekucha
tutt halt eemol nischt nich gieh!

Woas ihs Pritz- und Äppelkucha,
Babe mit und ohne Moh?
Woas sein Krappla, Pratzeln, Torte,
Strietzel, Eee- und Zwieback o?
Nischt wie latschiges Gepomper,
doas ma gerne lässt ei Ruh;
doch vom schläscha Sträselkucha
koan ma assa immerzu!

Dar kennt nischt vo Margarine
und och nischt vo Sacharin;
ehrlich tutt der schläscha Kucha
ei a heeßa Ufa gihn.
Kimm a raus eim Knusperkleede,
zieht der Duft durchs ganze Haus,
und aus olla Stubentüren
gucka weit die Noasa raus.

Su a Kucha, weiß und lucker,
doas ihs werklich anne Pracht.
Jedes Streefla zeigt Rusinka,
doß eem reen is Herze lacht.
Aus'm Sträsel quillt de Putter –
tausend, wie das prächtig schmeckt,
doß mer lange noch derhinger
sich vergnügt is Maul beleckt!

Sträselkucha, der wirkt Wunder!
Tun de Kinder Händel hoan,
ihs verbuhst de Schwiegermutter,
reseniert der brumm'ge Moan,
dorf ich blußig hien zum Tische
recht an grußa Kucha troan –
do ihs uff der Stelle Friede:
Jeder muffelt, woas a koan!

Wenn mich wird is Ahlder drücka,
weil ich doch nich eemol kloan,
wenn ich bluß mit Sträselkucha
noch menn Koffee trunka koan,
doch possiert's, doß ich uff Kucha
hoa kee brinkel meh Optit,
lä ich sacht mich uff de Seite:
„Lieber Herrgott, niem mich miet!"

Schläscha Kucha, Sträselkucha,
doas ihs Kucha, sapperlot,
wie's uff Herrgotts grußer Arde
nernt nich su woas Gudes hoot!
Wär woas noch so leckerfetzig,
eim Geschmaak ooch noch su schien,
über schläscha Sträselkucha
tutt halt eemol nischt nich gihn!

Hermann Bauch (1856–1924)

Diese Laudatio auf unseren Lieblingskuchen lernten wir alle noch auswendig in der Schule, und ich glaube, Sie werden kaum einen Schlesier finden, der nicht wenigstens die erste Strophe dieses Gedichtes von Hermann Bauch fehlerfrei dahersagen kann.

Sträselkucha
(Streuselkuchen)

Hefeteig
50 g Hefe
¼ l Milch
750 g Mehl
175 g Butter
125 g Zucker
1 Päckchen Vanillezucker
2 Eier
Salz

Streusel
600 g Mehl
250 g Zucker
abgeriebene Zitronenschale
1 TL Backpulver
250 g Butter

Ein echter schlesischer Sträselkucha ist einfach ein Gedicht. Er war es auch schon, ehe es Gedichte über ihn gab. – Und so wird er gemacht:

Hefeteig: Die Hefe mit 3 Esslöffeln lauwarmer Milch in einer Tasse auflösen. Aus Mehl, 125 g zerlassener Butter, Zucker, Vanillezucker, Eiern, einer Prise Salz, der restlichen lauwarmen Milch und der aufgelösten Hefe einen Teig bereiten. Mit einem Tuch zudecken und an einem warmen Ort aufgehen lassen. Den Teig auf ein mit Fett bestrichenes und mit Mehl bestreutes Blech streichen, nochmals gehen lassen. Den Rest Butter zerlassen und den Teig damit bestreichen. Mehrmals mit einer Gabel einstechen. – Streusel: Mehl, Zucker, Zitronenschale und Backpulver vermischen. Butter in Flöckchen dazugeben, verkneten, bis eine krümelige Masse entsteht, nämlich die „Sträsel". Diese auf dem Hefeteig verteilen, und den Kuchen bei Mittelhitze backen. Je dicker die Streusellage, desto besser schmeckt der Kuchen. – Unter die Streusel kann man auch noch geschälte Apfelscheiben oder Marmelade geben.

Frankfurter Kranz

200 g Butter
200 g Zucker • 3 Eier
200 g Weizenmehl
50 g Stärkemehl
1 TL Backpulver
2 – 3 EL Rum • Semmelbrösel

Buttercreme
½ l Milch
1 Puddingpulver
250 g Butter • 100 g Zucker

Krokant
20 g Butter • 60 g Zucker
100 g Mandeln (oder Haselnüsse)

Ob er seinen Namen der Stadt Frankfurt am Main oder Frankfurt an der Oder verdankt, konnte bisher noch nicht einwandfrei festgestellt werden. Fest steht aber, dass er „an der Oder" zum bevorzugten Festtagskuchen gehörte.

Butter, Zucker und Eier schaumig rühren. Weizenmehl und Stärkemehl sieben, mit Backpulver vermischen und zufügen. Rum in den Teig geben. Die Masse in eine gefettete, mit Semmelbrösel bestreute Ringform füllen und etwa 1 Stunde bei schwacher Mittelhitze backen. Stürzen und nach dem Erkalten zweimal quer durchschneiden. – Buttercreme herstellen: Von Milch und Puddingpulver einen Pudding kochen. Butter schaumig rühren, Zucker zugeben und den erkalteten Pudding löffelweise unter die Buttermasse rühren. Den Kranz mit der Creme füllen und auch außen damit bestreichen. – Krokant: Zucker und Butter in einer Pfanne zerlassen und goldbraun brennen. Abgezogene, gehackte Mandeln oder Haselnüsse dazugeben. Die Masse auf Pergamentpapier oder einem geölten Blech erstarren lassen und dann zerklopfen. Den Frankfurter Kranz mit dem zerklopften Krokant rundherum bestreuen.

Gesunde Feiertage

Nu wiel nattierlich oo derr Maga
woas merka vo a Feiertaga,
drim werd'm tichtig eigegan:
Fleesch, Kließla, Tunke, Marzepan,
Moostriezel, Fafferkucha, Nüsse,
uff's saure Zeug kimmt glei is Sisse,
uff's Sisse wieder Saures glei,
is hoot ju Plotz, is gieht ju nei,
leit hie nich noch awing Schuckloade?
Ock immer her! – Üm die wärsch schoade.
Nich immer werd eem doas gebota,
merr hotta zwoar erscht Gänsebroata ...

Ernst Schenke

Rote Grütze
(auch Wackeltante genannt)

500 g Himbeeren
100 g Zucker
125 g Grieß oder 90 g Stärkemehl

Dies gehört zu den herrlichsten Kindheitserinnerungen: Rote Grütze aus Waldhimbeeren vom Eulengebirge bei Kaschbach an heißen Sommerabenden! Schmeckt aber auch mit anderen Himbeeren gut!

Himbeeren waschen, in $1/2$ l Wasser aufkochen, durch ein Sieb streichen. Flüssigkeit mit Wasser auf $3/4$ l ergänzen, Zucker zufügen, aufkochen, Grieß oder Stärkemehl zugeben (Grieß 15 Minuten ausquellen, Stärkemehl nur einige Minuten aufkochen lassen). Die Grütze in eine kalt ausgespülte Schüssel gießen, erstarren lassen, stürzen und mit Schlagsahne oder Vanillesauce servieren.

Malerisch liegt Kaschbach unter der Hohen Eule.

Apfel im Schlafrock

4 große Äpfel • 2 EL Zucker • 2 EL Rum
100 g Mehl • ⅛ l Milch • Salz • 1 Ei
Fett zum Ausbacken
Zucker und Zimt

Dies ist ein sehr beliebter und schnell zu bereitender Nachtisch.

Die ganzen Äpfel schälen, das Kerngehäuse ausstechen. Dicke Ringe schneiden, mit Zucker bestreuen, mit Rum beträufeln und zugedeckt etwa 1 Stunde stehen lassen. Aus Mehl, Milch, etwas Salz und Ei (das Ei trennen und den Eischnee zuletzt unterziehen) einen Eierkuchenteig bereiten. Die Apfelringe im Teig wenden und in siedend heißem Fett von beiden Seiten backen. Mit Zucker und Zimt bestreut auf den Tisch bringen. – Anderswo versteht man unter „Apfel im Schlafrock" auch in Mürbeteig gebackene, ganze, kleine Äpfel.

Blick auf den Schulhof des Klosters der Ursulinen in Breslau.

Arme Ritter

2 altbackene Semmeln oder 8 Scheiben Einback (Einback siehe Seite 96)
¼ l Milch • 1 EL Zucker • Salz
1 Eigelb • 100 g Mehl • 2 Eier
Fett zum Ausbacken
Zucker und Zimt (oder Kompott)

Süße Speisen sind für uns schlesische Leckermäuler, einerlei ob Jung oder Alt, immer eine besondere Gaumenfreude. Mir scheint, dass der Zuckerrübenanbau mit seinen vielfältig „versüßten" Nachprodukten den Geschmack der Schlesier schon von Jugend an auf Süßes lenkte. Für viele Kinder gehörte die Sirupschnitte zum täglichen Brot, wie andernorts vielleicht die Margarineschnitte. Und einmal durch die Sirupschnitte „verdorben", liebt es der Schlesier, als Hauptgericht am Mittag oder Abend oder als Nachtisch häufig etwas Süßes zu verspeisen. Hier ein beliebter Nachtisch:

Semmel- oder Einbackscheiben nebeneinander auf eine flache Platte legen. ¹/₈ l Milch mit Zucker, einer Prise Salz und 1 Eigelb verquirlen und damit die Scheiben beträufeln. Aus Mehl, ¹/₈ l Milch, Salz und 2 Eiern (die Eier trennen und den Eischnee zuletzt unterziehen) einen Eierkuchenteig bereiten. Die beträufelten Semmel- oder Einbackscheiben in dem Teig wenden und in siedend heißem Fett von beiden Seiten backen. Mit Zucker und Zimt bestreuen oder mit Kompott servieren.

Buttermilchspeise

1 l Buttermilch • 100 g Zucker • 1 Zitrone
10 Blatt weiße Gelatine • 2 Blatt rote Gelatine

Buttermilch mit Zucker und dem Saft einer Zitrone verquirlen. Gelatine in heißem Wasser einweichen, ausdrücken, zur Buttermilch geben und verrühren. Bis kurz vor dem Erstarren öfters umrühren, da sich sonst der Farbstoff der roten Gelatine auf der Oberfläche absetzen würde.

Zitronenkaltschale

1 l Milch • 80 g Zucker • 1 Päckchen Vanillepudding • 1–2 Zitronen

Milch und Zucker aufkochen, mit dem angerührten Puddingpulver binden. Mit Zitronensaft und abgeriebener Zitronenschale abschmecken und gut gekühlt servieren.

Blaubeerkaltschale

250 g Blaubeeren • 100 g Zucker • ¾ l Milch
Zitronenschale • 30 g Stärkemehl • 1 Eigelb

Blaubeeren waschen, putzen, zuckern, im eigenen Saft aufkochen und durch ein Sieb streichen. Milch mit Zitronenschale aufkochen und mit dem in etwas Wasser angerührten Stärkemehl binden. Eigelb mit 2 Esslöffeln Wasser verrühren und in die heiße, aber nicht mehr kochende Milch geben und erkalten lassen. Den Blaubeersaft untermischen, abschmecken und gut gekühlt servieren.

Rhabarbergrieß

500 g Rhabarber • 150 g Zucker • 125 g Grieß oder 90 g Stärkemehl

Rhabarber waschen und in Stücke schneiden. Zucker im Topf zergehen lassen, Rhabarber zufügen und kurz umrühren. ½ l Wasser aufgießen und Rhabarber weich kochen. Durch ein Sieb streichen, die Flüssigkeit mit Wasser auf ¾ l ergänzen, aufkochen, Grieß einstreuen (oder angerührtes Stärkemehl zugeben) und gar kochen. Den Rhabarbergrieß in eine kalt ausgespülte Schüssel füllen, erstarren lassen, stürzen und mit Milch oder Sahne servieren. – Diese Grütze kann auch mit jedem anderen Obst bereitet werden, am besten eignet sich Beerenobst dazu.

Ein schlesischer Hochzeitsbitter.

Apfelreis

250 g Reis
Salz
500 g Äpfel
100 g Zucker
50 g Butter
Zucker
Zimt

Das ist ein Gegenstück zu dem rheinischen Gericht „Himmel und Erde", bei dem Kartoffelbrei mit Apfelmus gemischt wird. Allerdings isst der Rheinländer dazu gebratene Blutwurst. Er ist eben nicht so „süß" wie wir Schlesier.

Reis waschen, in 1 l kochendes Salzwasser einstreuen und bei schwacher Hitze zugedeckt 25 Minuten quellen lassen. Die Äpfel schälen, Kerngehäuse entfernen, in Achtel schneiden und mit Zucker und $^1/_2$ l Wasser zu Kompott kochen. Reis mit Kompott vorsichtig vermischen, mit brauner Butter übergießen und mit Zucker und Zimt bestreuen.

Schokoladenfisch

250 g Mandeln
250 g Puderzucker
250 g Schokolade
100 g Zitronat

Die Mandeln brühen, abziehen und grob hacken, die Schokolade reiben und das Zitronat in Würfel schneiden. Den Puderzucker mit 5 Esslöffeln Wasser aufkochen. Mandeln, Schokolade und Zitronat zufügen. Eine Puddingschüssel, möglichst in Form eines Fisches, mit Öl ausstreichen, die Masse eindrücken und mehrere Stunden kaltstellen. Stürzen und vor dem Servieren in Scheiben schneiden.

Kermslied *(von Ernst Schenke)*

Die schinnste Zeit vo olla Zeita,
doas ies die Kerms, war wiels bestreita?
Die Arn leit ei derr Scheune drinne,
die Rüba hoan merr o schunt hinne.
Nu wird gegassa und getrunka,
viel gude Tunke wulln merr tunka.
Viel fette Schweinla müssa sterba,
üm doß merr recht viel Bluttwurscht erba.
Mookließla gibbts und alle Quärge,
und Sträselkucha ganze Berge.
Derr Koffee dompft ei tiefe Tossa,
a Striezel wulln merr nich verpossa.
Is Himmelreich kocht schunt eim Tuppe,
siehr gutt ies o die Pflaumasuppe.
Die Kließla, doas sein runde Dinger,
ma joat se ei a Schlung ahinger.
Krientunke, die gibbt Kroft und Wärme
derr Äppelpappe schmärt de Därme.
A aller Kurn verjüngt die Glieder,
Opptiet macht ins a Harich wieder.
War Hunger hoot, nimmt sich n' Schniete,
a Stücke Preßwurscht zum Opptiete.
Die sauern Gurka lußt nich liega,
ihr kinnt o frischa Rattig kriega.
Ihr kinnt oo Kase hoan ei Stücka,
die Puttermilch war euch erquicka.
War Weechquork liebt, braucht nich zu schmachta,
´n Oppel wulln merr nich verachta.
Werd o derr Maga immer vüller,
beim Tanza wird ins wieder wüller.
Merr hopsa wie die junge Frösche,
doas macht Opptiet, doas Rimgepresche.
Nu sitz merr wieder ohne Surga
und schnoabeliern bis ei a Murga.

Waldmeisterbowle
(auch Maibowle genannt)

2 Bündel Waldmeister
2 Flaschen leichter Weißwein
180 g Zucker
1 Flasche Schaumwein (oder Mineralwasser)
1 Orange

Waldmeister verlesen, kurz waschen, in ein Bowlengefäß legen, den Wein darüber gießen und zugedeckt etwa 30 Minuten ziehen lassen. Zucker mit $1/8$ l Wasser aufkochen. Waldmeister aus dem Wein nehmen, die abgekühlte Zuckerlösung und den Schaumwein oder das Mineralwasser zugießen, kalt stellen. Beim Anrichten in jedes Glas eine Orangenscheibe mit einer Waldmeisterblüte legen.

Dreimännerwein

Friedrich Wilhelm IV., der Romantiker auf dem preußischen Königsthron, wusste einen guten Tropfen wohl zu schätzen. Er besuchte auf einer seiner schlesischen Reisen – es war am 30. August 1841 – Grünberg und nahm in dem bereits damals bekannten Weinhause Grempler ein Frühstück ein. Erwartungsvoll harrte man des königlichen Urteils über den Grünberger Wein. Der kennerisch kostende Monarch war voll des Lobes: „Ausgezeichnet!" – Das erfreute die honorigen Patrizier so sehr, dass einer, wohl um dem Fass die Krone aufzusetzen, gleich seiner biederen Begeisterung freien Lauf ließ und dem König treuherzig versicherte: „Majestät, und das ist noch nicht einmal der beste!"
Alfons Hayduk

Vor der alten Schmiede von Podasch.

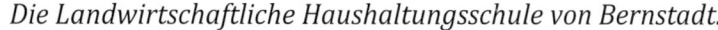

Die Landwirtschaftliche Haushaltungsschule von Bernstadt.

Glühwein

1 Flasche Rotwein
1 Stück Zimtstange
3 Nelken
100 g Zucker

Rotwein mit Zimtstange, Nelken und Zucker rasch bis ans Kochen erhitzen, in Gläser füllen und an den Rand jedes Glases eine eingeschnittene Zitronenscheibe stecken.

Der Süfflich

Der Diedich ihs a Süfflich ihs a. Nu ja, nu nee, a hoot ollerhand durchgemacht! Seine zwee Sühne sein vermisst, woas doas heeßt, weeß jeder vernüftige Mensch, doas heeßt, de kumme nimme zurücke aus Russland, seine Tochter hoot ken Moan, aber a Kind hoot se gekriegt, und do Froo ihs'm gesturba, und doo koan ma's 'm nich verdenka, doaß a doas ganze Herdeleed monchmoll vergassa weil und dernoo zur Branntweinflosche grefft. Letzt woar der Forr bei ihm, a hoot ihm Trust zugesprocha und dernoo hoot a'n gefoit: „Und diese Flasche hier ist Ihr einziger Trost, Diedich? Das kann ich nicht glauben!"

„Doas braucha Se ooch nich zu gleeba, Herr Forr", soate der Diedich, „durte hinger'm Schranke hoo ich noch'n zweete stiehn!" – Is wär zum lacha, wenn's nich zum Heuln wäre, nagell?

Om nächsta Tage koam der Paster zu ihm und toat ihm eis Gewissen räda: „Ihr kommt immer mehr herunter, Diedch! So geht das doch nicht weiter! Und wer ist schuld an dem ganzen Unglück? Der Alkohol, nur der Alkohol!"

„Sahn Se, Herr Paster", soate der Diedich-Korle, „Sie sein der Eenzige, der mir recht gibt! Die andern meenta olle, ich salber wär schuld!"
Hans Rößler

Teepunsch

1 l starker Tee • 125 g Zucker
Saft von 2 Zitronen • Saft von 2 Orangen • ⅛ l Rum

Zur häuslichen Silvesterfeier gehört bei uns Schlesiern in jedem Falle ein Punsch oder Glühwein.

Tee mit Zucker und Fruchtsaft bis kurz vor dem Kochen erhitzen, Rum zufügen und heiß oder kalt servieren.

Der Schweidnitzer Keller in Breslau.

Rezeptverzeichnis nach Kapiteln

Salat und Gemüse

Backwerk

Süßspeisen und Getränke

SCHLESIEN

St. Hedwig

Militsch

Gr. Wartenberg

Trebnitz

Katzengeb.

Oels

Weide

Namslau

Kreuzburg

Stober

Rosenberg

Guttentag

BRESLAU

Lohe

Ohlau

Ohle

Brieg

Oder

Malapane

Oppeln

Gr. Strehlitz

Tarnowitzer Höhen

Strehlen

Grottkau

Annaberg

Beuthen

Königshütte

Hindenburg

Kattowitz

Falkenberg

Klodnitz

Gleiwitz

Frankenstein

Neiße

Glatzer - Neiße

Neustadt

Holzenplotz

Cosel

Birowka

Reichensteinergeb.

Leobschütz

Ruda

Rybnik

Pleß

Altvatergeb.

Zinna

Ratibor

Oder

Gr. Schneeberg

1425

Oppa

123

ISBN: 978-3-8094-3135-0

5. Auflage 2023
© 2013 by Bassermann Verlag, einem Unternehmen der Penguin Random House
Verlagsgruppe GmbH, Neumarkter Str. 28, 81673 München

Diesem Buch liegen folgende Titel zugrunde:
© 2005 Verlagshaus Würzburg GmbH & Co. KG, Rautenberg:
Hanna Grandel, Spezialitäten aus Schlesien
© 2001 Verlagshaus Würzburg GmbH & Co. KG:
Klaus Granzow und Reinhard Hausmann, Schlesien 1440 Bilder
© 2007 Verlagshaus Würzburg GmbH & Co. KG, Sonderausgabe für Flechsig-Buchvertrieb:
Hans Niekrawietz und Konrad Werner, Schlesien Unvergessene Heimat

Umschlaggestaltung: Atelier Versen, Bad Aibling
Bilddauswahl: no:vum, Susanne Noll, Leinfelden-Echterdingen
Bildnachweis: Schlesien in 1440 Bildern; Klaus Granzow, Reinhard Hausmann;
Rautenberg Verlag im Verlagshaus Würzburg: S. 8, 21, 23, 29, 31, 33, 42, 43, 44, 47, 49, 51, 52,
58, 61, 66, 70, 72, 75, 79, 80, 83, 85, 87, 91, 97, 99, 103, 109, 110, 113, 117, 119, 122
Schlesien – Unvergessene Heimat; Hans Niekrawietz, Konrad Werner;
Flechsig Verlag im Verlagshaus Würzburg: 13, 17, 24, 26, 38, 39, 55, 65, 98, 95
U1: ullstein bild/histopics

Satz: aSH, agentur Sandra Haberkorn, Mundelsheim
Satz dieser Ausgabe: Nadine Thiel | kreativsatz, Baldham
Reproduktion: Artilitho snc, Lavis (Trento)
Druck und Verarbeitung: DZS Grafik d.o.o., Ljubljana

Printed in Slovenia

Penguin Random House Verlagsgruppe FSC® N001967